초등학생이 알아야 할
참 쉬운 기후 위기

앤디 프렌티스, 에디 레이놀즈 글
엘 프리모 라몬 그림
제이미 볼, 프레야 해리슨 디자인

스티브 스미스(옥스퍼드 대학 박사),
아제이 감비르(런던 임페리얼 칼리지 박사) 감수
고정아 옮김

차례

기후란 무엇인가요?   4
기후 위기란 무엇인가요?   5
기후 위기가 얼마나 큰 문제인가요?   6

제1장 기본적인 사실   9
  온실 효과란 무엇인가요? 화석 연료란 무엇이고, 왜 사람들은 화석 연료를 많이 태우나요?

제2장 얼마나 확실한가요?   29
  기후 위기가 정말로 일어나고 있나요?
  일부 사람들이 부풀리는 것은 아닌가요?
  IPCC에 대해 알아보세요. IPCC는 기후 위기를 연구하는 국제적인 단체로, 가장 믿을 만한 정보를 제공해요.

제3장 무엇을 해야 하나요?   43
  엄청난 위기이지만, 우리는 무슨 일을 해야 하는지 이미 알고 있어요. 아주 많은 것을 변화시켜야 해요. 식량을 기르고 먹는 방법, 여행하거나 이동하는 방법, 동력과 전기를 얻는 방법, 난방이나 냉장 보관을 하는 방법이 모두 달라져야 해요. 우리 삶의 거의 모든 부분에서 크건 작건 변화가 일어나야 해요.

제4장 우리를 가로막는 장애물　　　　　　　　　　81
무엇을 해야 하는지 알면서 왜 아직도 그 일을 하지 않을까요?
왜냐하면 많은 사람이 어떤 변화가 가장 중요한지에 대해 의견을 모으는 게
어렵기 때문이에요. 또 우리 두뇌의 작동 방식과도 관련이 있어요.

제5장 '나'는 무엇을 할 수 있을까요?　　　　　　　　103
이 위기는 한 사람이 해결할 수 없어요. 하지만 사람들이 저마다
할 수 있는 일은 많아요. 나이가 많건 적건, 권력이 있건 없건 상관없어요.

앞으로 어떻게 될까요?　　　　　　　　　　　　　　122
낱말 풀이　　　　　　　　　　　　　　　　　　　125
찾아보기　　　　　　　　　　　　　　　　　　　126
이 책을 만든 사람들　　　　　　　　　　　　　　　128

인터넷에서 자료 찾기

어스본 바로가기(usborne.com/quicklinks)에 방문해서
검색창에 **'climate crisis for beginners'**를 입력해 보세요.
기후 위기가 어떻게 일어났는지, 기후 위기 때문에 생긴 피해를 회복하기 위해
사람들이 어떤 노력을 하는지에 대해 더 많은 것을 알 수 있어요.

'어스본 바로가기'에서는 인터넷 안전 지침을 지켜 주세요.
어린이가 인터넷을 사용할 때는 보호자의 지도가 필요합니다.

기후란 무엇인가요?

기후란 **기후계**를 줄인 말이에요. 기후계는 공기, 바다, 얼음, 땅, 식물과 동물이 서로 얽혀 상호 작용하면서 끊임없이 움직이는 엄청나게 복잡한 체계를 뜻해요.

기후는 날씨와는 **달라요.**

날씨는 특정 시간과 장소의 기온이나 비, 바람 같은 기상 현상을 가리키는 말이에요. 날씨는 하루하루 또는 아침저녁으로도 달라질 수 있어요.

기후는 장기적으로 본 날씨예요.
기후는 오랜 세월에 걸쳐 천천히 변해요.

지구의 기후계는 여러 개의 기후대로 나누어져요.

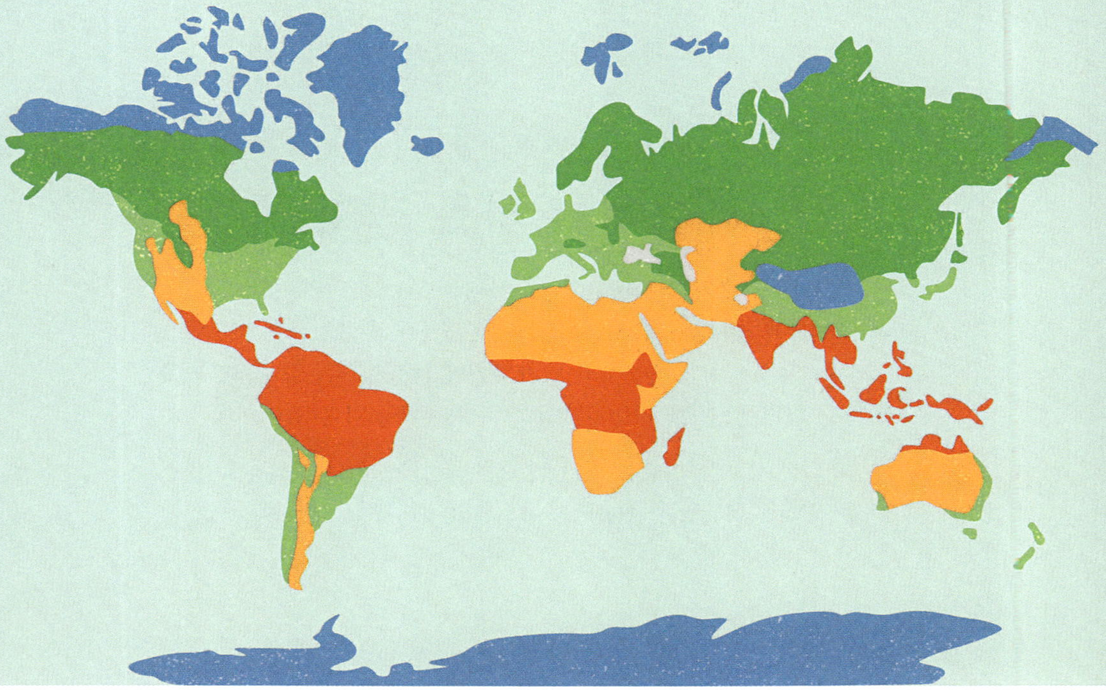

- 🔵 **극(한대) 기후** — 일 년 내내 낮은 기온
- 🟢 **온대 기후** — 일 년 내내 온화한 기온
- 🟡 **건조 기후** — 비가 별로 오지 않는 기후
- 🔴 **열대 기후** — 일 년 내내 높은 기온
- 🟢 **대륙성 기후** — 더운 여름과 추운 겨울 기후

기후 위기란 무엇인가요?

기후 위기는 인간이 만들었어요. 인간이 하는 행동들 때문에 지구의 기후가 계속 더워지고 있죠. 이 같은 **지구 온난화**가 지구를 바꾸고 있으며, 사람과 자연이 위험하게 되었어요.

기후는 아주 천천히 변하고, 날씨는 매일 달라지기 때문에, 지구 온난화가 정말로 일어나고 있는지 바로 알아차리기는 쉽지 않아요.

하지만 기후는 분명히 변하고 있어요.

우리가 위기를 막기 위해 노력하지 않는다면, 결과는 훨씬 더 나빠질 거예요.

다행인 것은 아직 위기를 막기 위해 할 수 있는 일이 많다는 거예요.
하지만 모든 사람이 다 함께 협력하도록 만드는 건 정말 어려운 일이에요.

기후 위기가 얼마나 큰 문제인가요?

이 점에 대해서는 모든 사람의 생각이 일치하지는 않아요. 여기 각기 다른 몇 가지 의견을 먼저 소개할게요. 앞으로 이 책을 보면서 여러분이 판단해 보세요.

어떤 사람들은 이미 기후 위기가 매우 심각한 문제라고 생각해요.

어떤 사람들은 기후 위기라는 말을 듣기는 했지만,
그게 자기 생활이랑 무슨 상관이 있는지 잘 모르고, 신경도 쓰지 않아요.

어떤 사람들은 기후 위기 자체를 인정하지 않아요.

미리 털어놓자면, 이 책의 글쓴이들은 대니의 생각에 동의해요(대체로). 하지만 기후 위기를 해결하려면, 많은 사람이 기후 위기는 생활 습관을 바꾸어야 할 정도로 중대한 문제라는 것을 깨달아야 해요. 하지만 그렇게 되기는 쉽지 않을 거예요.

'위기'를 가리키는 영어 단어는 원래 '선택'을 뜻하는 옛 그리스어에서 생겨났어요. 위기와 선택. 우리 모두 기후 위기 때문에 *중대한 선택*을 하게 될 거예요.

샤워를 할까, 목욕을 할까?

해마다 휴대 전화를 바꿔도 될까?

공해를 일으키는 회사에 벌금을 물려야 할까요?

큰일이든 작은 일이든, 여러 가지 개인적인 선택을 해야 할 때도 있어요.

또 어떤 선택은 나라 전체에 영향을 끼쳐요. 우리는 다른 사람들과 함께 여러 문제에 대해 결정을 내려야 해요.

아이를 더 낳을까?

디젤 자동차를 금지해야 할까요?

부유한 나라는 가난한 나라가 청정에너지에 투자하도록 도와야 할까요?

우리가 좋은 선택을 하는지 알 수 있는 유일한 방법은, 어떤 일이 벌어지는지 지켜보는 길밖에 없어요.

제1장
기본적인 사실

기후 위기가 단순하다면 해결 방법도 단순할 거예요.
하지만 기후 위기는 크고, 복잡하고, 이해하기 어려워요.
그러니 무슨 일을 할지 결정하기 전에,
무슨 일이 벌어지는지 *이해해야* 해요.

우리 시대의 기후

인류는 20만 년 전에 나타났어요. 사실 이것은 그다지 오래전이 아니에요.
지구의 역사 전체를 하루라고 하면, 인류는 마지막 4초 전에 나타났을 뿐이에요
그 전까지 지구에는 많은 일이 있었어요.

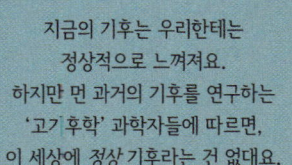
지금의 기후는 우리한테는 정상적으로 느껴져요. 하지만 먼 과거의 기후를 연구하는 '고기후학' 과학자들에 따르면, 이 세상에 정상 기후라는 건 없대요.

목적지 : 43억 년 전

탐험을 떠나자!

지구의 기후가 몹시 극단적이고 모질어서 생명체가 살 수 없던 시절도 있었어요.
첫 5억 년 동안 지구의 표면 온도는 200℃ 정도였어요.

밖에 나가지 마! 너무 뜨거워.

동물과 식물이 사는 데는 **산소**가 필요해요. 하지만 이때는 산소가 없었고, 생명체도 없었어요.

46억 년 전 ↔ 40억 년 전

지구가 대부분 얼음에 덮여 있던 시절도 있었고…

이런!

7억 2,000만년전 ↔ 6억 3,000만 년 전

…또한 얼음이 거의 없던 시절도 있었어요.

와, 야자나무야!

맞아, 심지어 남극 대륙앤데.

5,600만 년 전 ↔ 5,200만 년 전

지구의 온도를 높였다 낮추었다 하고, 또한 지구에 생명이 살 수 있게 만드는 것은 바로 *대기*예요. 대기는 지구를 둘러싼 얇은 공기층이에요.

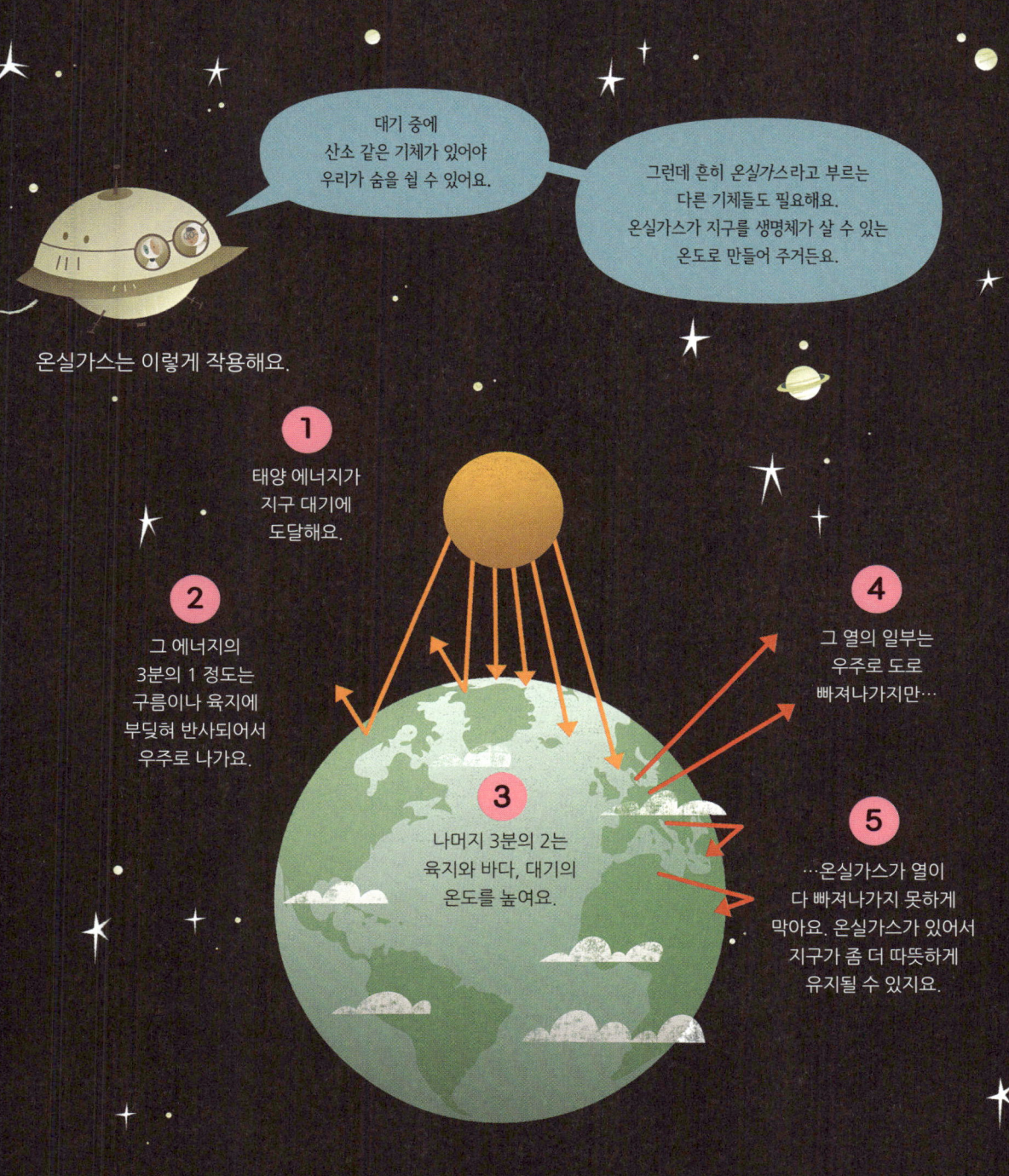

대기 중에 산소 같은 기체가 있어야 우리가 숨을 쉴 수 있어요.

그런데 흔히 *온실가스*라고 부르는 다른 기체들도 필요해요. 온실가스가 지구를 생명체가 살 수 있는 온도로 만들어 주거든요.

온실가스는 이렇게 작용해요.

1 태양 에너지가 지구 대기에 도달해요.

2 그 에너지의 3분의 1 정도는 구름이나 육지에 부딪혀 반사되어서 우주로 나가요.

3 나머지 3분의 2는 육지와 바다, 대기의 온도를 높여요.

4 그 열의 일부는 우주로 도로 빠져나가지만…

5 …온실가스가 열이 다 빠져나가지 못하게 막아요. 온실가스가 있어서 지구가 좀 더 따뜻하게 유지될 수 있지요.

지구의 온도를 높이는 이 마지막 단계를 '**온실 효과**'라고 해요. 온실 효과가 없으면 지구는 몹시 추울 거예요.

이산화탄소

온실가스에는 여러 종류의 기체가 있지만, 기후 위기를 설명할 때
특히 중요한 기체가 있어요. 바로 **이산화탄소**예요. 간단히 CO_2라는 화학 기호로 나타내죠.
대기에 이산화탄소가 많아지면 온실 효과가 강해져요.

지구에는 이산화탄소를 대기 중으로 *배출*하는 것도 있고, *흡수*하는 것도 있어요.

탄소 흡수원

이산화탄소에는 **탄소**라는 화학 원소가 들어 있어요. 이산화탄소가 흡수될 때마다
탄소도 따라서 흡수되지요. 과학자들은 탄소를 많이 흡수하는 것을 **탄소 흡수원**이라고 불러요.
토양, 숲, 바다는 거대한 탄소 흡수원이에요.

땅속 깊은 곳에 숨겨진 탄소 흡수원도 있어요. **화석 연료**라는 것인데, 화석 연료는 다양한 형태를 띠고 있어요. 예를 들어 다음과 같은 것들이죠.

석탄   천연가스   원유

화석 연료는 수백만 년 전에 죽은 식물과 동물로 만들어져요. 죽은 동식물들 위로 새로운 땅이나 해저 층이 만들어지면서 엄청난 압력으로 한데 눌린 거예요.

탄소가 이동하는 방식

탄소는 보통 대기에서 땅으로 내려왔다가 다시 대기로 돌아가요. 그 주기가 수천 년에 이를 때도 많아요.

지구의 역사를 살펴보면, 대기 중의 탄소 양은 대체로 천천히 변화해 왔어요.

- 대기 중의 이산화탄소
- 동물과 식물이 호흡을 할 때 이산화탄소를 내뿜어요.
- 식물과 바다에서 공기 중의 이산화탄소를 흡수해요.
- 동물들이 탄소가 포함된 식물을 먹어요.
- 배설물과 썩어 가는 물질이 토양에 탄소를 더해요.
- 새로운 지층이 쌓이면서 아주 천천히 화석 연료가 만들어져요. 여기에 탄소가 저장돼요.

지금 무슨 일이 벌어지고 있나요?

지구의 기온은 지난 100년 동안 아주 빠른 속도로 높아졌어요. 대기 중의 이산화탄소가 많아졌기 때문이에요. 이산화탄소가 많아지면 대기 중에 더 많은 열이 남아 있게 돼요. 이산화탄소가 늘어난 까닭은 무엇일까요?

그동안 우리는 많은 양의 화석 연료를 파내고 태움으로써, 이산화탄소를 배출해 왔어요. 게다가 숲도 많이 베어 내서 탄소 흡수원이 없어지는 바람에 이산화탄소를 많이 흡수할 수 없지요.

온실가스 속 여러 기체

이산화탄소는 모든 온실가스 중에서도 지구 온난화에 가장 크게 영향을 미치는 기체예요. 왜냐하면 우리가 이산화탄소를 특히 **많이** 배출하기 때문이에요. 하지만 우리는 이산화탄소 말고도 기후를 데우는 다른 기체들도 배출해요.

다른 기체들이 뭐가 있는데요?

메탄(CH_4)을 배출하는 경우는…

…쓰레기 매립지에서 음식물 쓰레기가 대량으로 썩어 갈 때.

…오염수를 정화할 때.

…땅에서 화석 연료를 캐낼 때.

…벼농사를 지을 때.

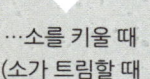 …소를 키울 때 (소가 트림할 때 메탄이 나와요).

아산화질소(N_2O)를 배출하는 경우는…

…농작물에 비료를 줄 때.

…화석 연료를 태울 때.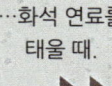

 …냉방기를 작동시킬 때.

…어떤 특정한 화학 물질을 생산할 때.

불소화된 기체를 배출하는 경우는…

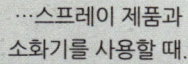 …스프레이 제품과 소화기를 사용할 때.

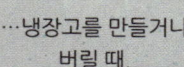 …냉장고를 만들거나 버릴 때.

이런 기체들은 양은 제각기 다르지만 모두 지구 온도를 높여요. 과학자들은 각 기체가 지구 온난화에 미치는 전체적인 영향을 **복사 강제력**이라고 불러요.

어떤 기체의 복사 강제력은 그 기체가 대기에 얼마나 *오래* 머무는지, 얼마나 *많은* 양이 있는지, 열을 얼마나 *효과적으로* 잡아 가두는지에 따라 결정돼요.

불소화된 기체
네 번째로 강력함.

아산화질소
세 번째로 강력함.

메탄
두 번째로 강력함.

이산화탄소
가장 강력한 복사 강제력

대기 오염

우리는 다른 오염 기체도 많이 배출해요. 하지만 여러 해 동안 공중에 머무르는 주요 온실가스와는 달리 이런 기체는 며칠이면 사라져요. 과학자들은 이런 기체들이 합쳐져서 지구의 온도를 실제로 *낮추었다*고 생각해요. 좋은 일인 것 같지만, 이 물질들은 우리 건강에는 매우 해로워요.

황산화물, 질소산화물

이 기체들은 주로 화석 연료를 태울 때 나와요. 특히 석탄, 디젤유, 그리고 선박과 비행기의 연료가 주요 원인이에요.

오존(O_3)

우리가 오존을 직접 배출하지는 않아요. 오존은 온실가스의 여러 기체가 공중에서 서로 반응해서 만들어져요.

블랙 카본 (그을음)

산불, 디젤 차량, 석탄 발전소가 모두 블랙 카본을 배출해요.

이런 기체들이 기후 위기를 일으키는 인간의 행동 때문에 주로 발생한다는 점은, 한편으로 다행이라고 할 수 있어요. 우리가 기후 위기에 잘 대응한다면 우리 건강에도 도움이 될 테니까요.

지난 100년 동안 대기 중에는 이산화탄소뿐 아니라 메탄, 아산화질소, 불소화된 기체의 양이 엄청나게 증가했어요. 지구 온난화가 일어난 데에는 이러한 영향도 있어요.

하지만 모든 것의 시작은 이산화탄소예요. 사람들이 화석 연료를 대규모로 태우지 않았다면 위기가 이만큼 심각해지지는 않았을 거예요.

화석 연료의 뛰어난 점

화석 연료를 태우면, 아주 많은 *에너지*가 나와요.
사람들이 이 에너지를 제대로 사용하기 시작한 것은 200년 전 무렵이에요.
이것으로 세상이 완전히 바뀌었지요.

그 전까지 사람들은 에너지가 필요하면 동물을 부리거나 나무를 태웠어요. 그런데 나무를 태워 봐야 아주 많은 에너지는 나오지 않았고, 연기 때문에 지저분해졌어요.

그 시절은 여러모로 지저분했지.

나무가 주요한 연료였을 때, 노동은 힘들었고, 일자리도 많지 않았으며, 사람들은 대부분 가난했어요.

하루에 두 번 장작을 패야 해.

200년 전 무렵, 그러니까 '산업 혁명' 시기에 사람들은 화석 연료가 나무를 태우는 것보다 훨씬 강력한 에너지를 만들어 낸다는 사실을 알게 되었어요. 화석 연료를 태우자, 사람들은 더 멀리, 더 빠르게 이동할 수 있게 되었고, 더 많은 물건을 더 빨리 만들 수 있게 되었어요.

화석 연료 이전 시대	대부분의 물건을 손으로 만들었어요. 	사람들은 마차를 타고 다녔어요. 
화석 연료 이후 시대	기계를 사용해서 물건을 생산할 수 있게 되었어요. 	비행기, 자동차 같은 새로운 운송 수단을 사용해요. 

화석 연료를 사용하면서 사람들의 생활 수준은 역사상 그 어느 때보다도 높아졌어요.

특히 1950년대 이후 세계의 부가 폭발적으로 증가했어요. 어떤 경제학자들은 이런 현상을 *거대한 가속*이라고 불러요.

화석 연료가 뛰어나다고 할 수 없는 이유

에너지를 만들어 내기 위해 우리가 화석 연료를 캐내서 태울 때마다 여러 가지 온실가스가 쏟아져 나와요. 그 결과 대기 중에 이산화탄소가 많아지고, 온실 효과가 더 커져서 지구의 기온이 올라가요.

자동차, 배, 비행기 등 엔진이 있는 기계는 대부분 **화석 연료**를 태워서 움직여요. → 전 세계에는 10억 대 이상의 자동차가 있어요. 매년 40억 명은 비행기를 타지요. → 엄청난 양의 온실가스가 나오지.

전등, 컴퓨터, 스마트폰 등 모든 종류의 기계는 **전기**를 사용해요. → 전기의 66퍼센트는 화석 연료를 태워서 전기를 만드는 발전소에서 나와요. → 여기서 온실가스가 훨씬 더 많이 나와.

2020년 지구의 인구는 약 78억 명으로, 100년 전의 네 배예요.
사람이 많아질수록 화석 연료 사용량도 늘어나요.
또 많은 사람이 먹을 식량과 사람들이 살 수 있는 땅도 더 많이 필요하지요.

많은 사람이 고기, 치즈, 요거트, 우유를 먹어요. → 풀을 먹는 가축, 그중에서도 특히 소와 양이 **메탄**을 많이 배출해요. → 세상에는 자동차보다 소의 수가 훨씬 많아. 그러니 아주 많은 메탄이 나오겠지.

오늘날 사람들은 더 넓은 땅이 필요해서, 나무를 연료로 쓸 때보다 훨씬 더 큰 규모로 숲을 밀어 버려요. → 나무를 베어 내면 공기 중의 이산화탄소를 제거하는 능력도 같이 사라져요. → 천연 탄소 흡수원을 없애 버리면, 저장돼 있던 이산화탄소가 공기 중으로 되돌아가기도 해.

사람이 하는 활동은 거의 다 대기 중으로 온실가스를 내보내는 결과를 낳아요.
그에 따른 온난화가 이미 전 세계 곳곳에 영향을 미치고 있어요.

지금 세계에서는 어떤 일이 벌어지나요?

지구의 기후는 지금 계속 더워지고 있어요.
세계의 기온은 170년 전보다 평균 1℃가 올랐어요(더 많이 오른 곳도 있어요).
이 정도 변화는 별것 아닌 것처럼 보일 수도 있지만, 이미 커다란 영향을 미치고 있어요.

산불 같은 자연재해가 더욱 심해지고 오래 지속돼요.

미국 캘리포니아에서 생방송으로 보내 드립니다. 캘리포니아주에서는 최근 화재로 18,000채 이상의 건물이 무너졌어요.

2018년 11월

위기!

위기!

동물이 사는 특정한 장소를 **서식지**라고 해요. 기후 변화와 사람들의 활동 때문에 많은 동물의 서식지가 파괴되고 있어요. 어떤 서식지들은 아예 사라지는 중이랍니다.

우리가 둥지를 트는 나무가 전부 죽으면, 우리도 죽어.

위기!

바다가 이산화탄소를 많이 흡수하면 산성이 강해져요.

어떤 해양 생물들은 이런 환경에서 버틸 수가 없어요.

위기!

어떤 지역은 비가 적어져서 강물도 말라요. 이런 상태를 **가뭄**이라고 해요. 가뭄이 들면 농사를 짓거나 마실 물을 찾기가 몹시 어려워요.

올해는 비가 안 와서 아무것도 할 수가 없어.

전 세계 곳곳에서 빙하나 빙산 같은 영구적인 얼음이 녹고 있어요. 그 결과 해수면이 높아져요.

위기!

1990년대에 그린란드에서는 해마다 얼음이 300억 톤씩 녹아 없어졌어. 그런데 2010년대가 되자 얼음이 녹는 속도가 거의 *8배*나 빨라졌어.

위기!

해수면은 1880년보다 20센티미터 높아졌고, 지금도 해마다 약 4밀리미터씩 높아지고 있어요.

폭염이나 홍수 같은 기상 재해가 점점 심해지고 있어요.

우리 섬 주변의 바다가 점점 높아지고 있어. 이제 곧 여기를 떠나야 할지도 몰라.

나는 방글라데시에 사는데 우리 마을이 물에 떠내려갔어.

위기!

기온이 점점 높아진다는 것을 어떻게 아나요?

과학자들은 170년 전부터 오늘날까지 세계의 기온을 계산했어요. 그 자료를 보면 지구의 평균 기온이 해마다 조금씩 달라지는 걸 알 수 있죠. 아래 표에는 170년이 모두 담겨 있어요. 파란 선은 평균보다 추운 해, 빨간 선은 평균보다 더운 해를 나타내요. 붉은색이 진할수록 더운 해랍니다.

1850년 — 현재

관측 사상 가장 더운 19년 중에서 18년이 2001년 이후라는 걸 알 수 있죠.

이런 현상을 종종 '지구 온난화'라고 불러요.

출처: https://showyourstripes.info

IPCC   IPCC

점점 더워지는 지구

지구 온난화는 여러 온실가스 때문만은 아니에요. 기후의 다른 요소들도 온난화를 부추겨요. 그중에 '**알베도**'라는 것이 있어요. 알베도는 지구의 표면이 태양 에너지를 얼마나 반사하는지를 나타내는 과학 용어예요.

알베도는 매우 중요한 기준이에요. 지구가 반사하는 에너지가 적을수록 기온이 올라가거든요.

얼음으로 된 빙하

구름이나 얼음처럼 색이 연한 물체는 알베도가 높고, 많은 에너지를 **반사**해요. 그래서 알베도가 높은 얼음은 지구의 온도를 내리는 데 아주 중요해요. 알베도가 너무 높기만 한 것도 좋지 않아요. 그러면 몹시 추워질 테니까요.

바다나 숲처럼 색이 진한 것들은 알베도가 낮아서 **흡수**하는 에너지가 더 많아요.

기후의 순환 고리

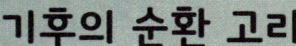

지구 온난화가 되면서 얼음과 눈이 점점 많이 녹아요. 얼음이 녹으면 알베도가 높은 표면이 알베도가 낮은 표면으로 바뀌게 되죠.

…계속 반복되죠.

그러면 온난화가 심해지고, 그러면 더 많은 얼음이 녹고, 그러면 알베도가 낮은 표면이 늘어나고, 온난화가 더 심해지고…

이처럼 어떤 결과가 다시 그런 결과가 일어날 가능성을 높여 줄 때 이것을 **순환 고리**라고 해요. 순환 고리가 생기는 게 다 나쁜 것은 아니지만, 기후의 순환 고리는 좋지 않아요.

기후 변화의 급변점

기후 변화는 대개 서서히 일어나거나 아예 일어나지 않거나, 둘 중 하나예요. 하지만 작은 변화들이 계속 쌓여 한계점에 도달했을 때, 하나의 작은 변화가 급속한 변화를 일으켜요. 이것을 '**급변점**'이라고 부르는데, 엄청난 변화가 빠른 속도로 진행되어 되돌리기 어려워져요.

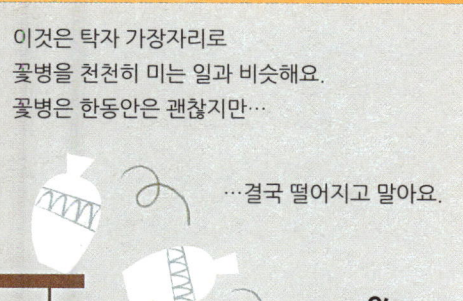

이것은 탁자 가장자리로 꽃병을 천천히 미는 일과 비슷해요. 꽃병은 한동안은 괜찮지만…

…결국 떨어지고 말아요.

와장창

지구 기후의 급변점은 북극 지방에서는 이미 지났는지도 몰라.

지금 내가 서 있는 이 땅은 일 년 내내 얼어 있는 땅이야. 이런 곳을 **영구 동토층**이라고 해.

영구 동토층에는 죽은 식물이 많지만, 땅이 얼어 있기 때문에 썩지 않아요.
하지만 땅이 녹으면 얼어 있던 죽은 식물들이 녹아 썩으면서 온실가스를 배출해요.

일정한 양이 넘어가면, 얼음이 녹는 걸 되돌리기는 힘들 거야. 이것 역시 기후의 순환 고리 때문이지.

온실가스를 더 많이 내뿜으면 지구 온난화가 더욱 빨라지고, 더 많은 영구 동토층이 녹고…

그래서 더 많은 온실가스가 배출되고…

…계속 반복되지.

얼마나 녹을까요?

영구 동토층이 전부 다 녹지는 않을 거예요. 하지만 2100년이 되면, 영구 동토층이 녹으면서 나오는 온실가스가 2020년에 인간이 배출하는 온실가스의 30배가 될 거라고 해요.

우리의 복잡한 기후

기후는 **복잡**하고 **서로 연결**되어 있어요.
이 그림을 보면, 기온 상승이 어떻게 기후와 날씨, 지구에
변화를 일으키는지 알 수 있어요.

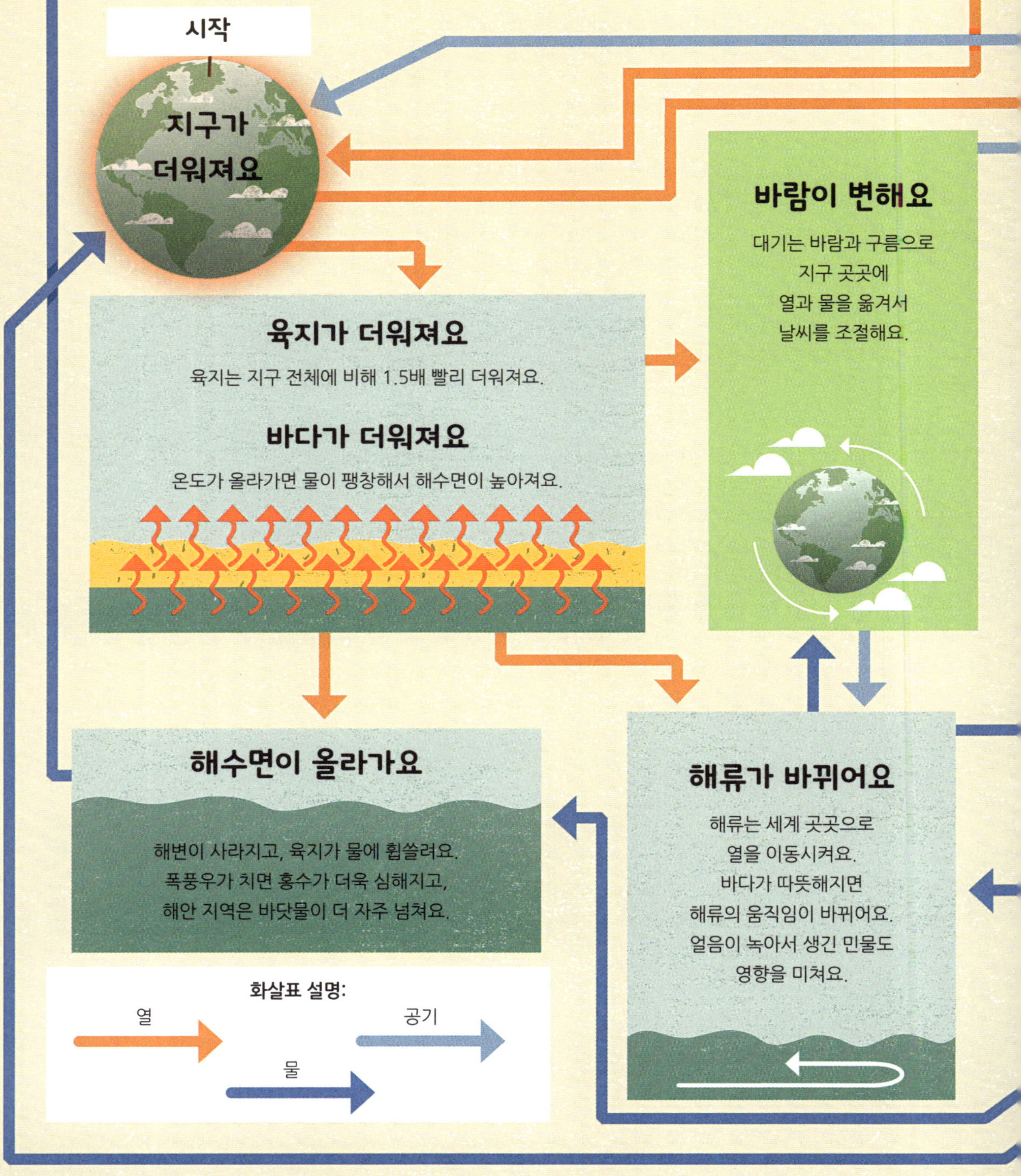

시작
지구가 더워져요

육지가 더워져요
육지는 지구 전체에 비해 1.5배 빨리 더워져요.

바다가 더워져요
온도가 올라가면 물이 팽창해서 해수면이 높아져요.

바람이 변해요
대기는 바람과 구름으로
지구 곳곳에
열과 물을 옮겨서
날씨를 조절해요.

해수면이 올라가요
해변이 사라지고, 육지가 물에 휩쓸려요.
폭풍우가 치면 홍수가 더욱 심해지고,
해안 지역은 바닷물이 더 자주 넘쳐요.

해류가 바뀌어요
해류는 세계 곳곳으로
열을 이동시켜요.
바다가 따뜻해지면
해류의 움직임이 바뀌어요.
얼음이 녹아서 생긴 민물도
영향을 미쳐요.

화살표 설명:
열 → 공기 →
물 →

구름이 바뀌어요

구름은 바다와 바람의 변화에 아주 예민하게 반응해요. 구름의 변화는 강수량과 지구의 알베도에 영향을 미쳐요.

여러 지역에 비가 많아져요

지구 온난화는 강력한 폭풍우를 더 많이 일으켜요. 따뜻한 공기에는 물이 더 많이 담기기 때문이에요.

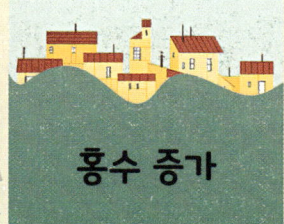

홍수 증가

탄수 흡수원 감소

여러 지역에서 기온이 오르고 비가 적어져요

폭염이 더 자주 발생해서 더 오래 이어져요. 덥고 습기 찬 날씨는 특히 고통스러워요.

산불

날씨가 덥고 건조하면 불이 더 쉽게 나고 더 오래가요.

산 위의 눈과 빙하가 녹아요

빙하는 많은 강에 물을 공급해요. 얼음이 녹으면 강물의 흐름이 바뀌어요. 또 더 많은 물이 바다로 흘러 들어가요.

가뭄

비가 적어지고 강물이 줄어들면 가뭄이 길어져요.

와! 정말로 복잡하네. 하지만 이게 우리한테 어떤 영향을 미치는 거야?

우리가 치러야 하는 대가

기후 위기가 우리에게 어떤 영향을 미칠까요? 그 답은 우리가 사는 곳에 따라 크게 달라져요. 많은 사람이 이미 영향을 받고 있고, 특히 가난한 나라의 사람들은 더욱 크게 영향을 받아요. 이는 시간이 갈수록 더 심해질 거예요.

건강

많은 지역에서 사람들이 새로운 건강 문제를 겪을 거예요.

인도 북부를 비롯해 몇몇 지역은 기온이 견딜 수 없을 만큼 높아질 거라고 해요. 습도와 기온이 일정 수준을 넘어가면, 우리 몸은 체온을 조절하지 못해 위험해져요.

기후가 바뀌면 질병이 퍼지는 지역도 달라져요. 열대 지방의 모기가 옮기는 말라리아병이 더 먼 곳까지 퍼져 나가서 새로운 지역의 사람들이 감염될 수 있어요.

직업과 일자리

기후 변화가 일어나면, 직업을 잃거나 일자리를 구하지 못하는 사람이 많아져요.

많은 학자가 기후 변화의 가장 큰 경제적 손실은 일자리, 특히 실외에서 하는 일이 사라지는 것이라고 내다보았어요.

가뭄

날씨가 더 덥고 건조해지면 어떤 지역에서는 물을 구하기가 어려워질 거예요.

과학자들은 중앙아메리카, 미국 남서부, 지중해 연안의 나라들이 가뭄의 피해가 가장 클 거라고 내다보았어요.

이주와 다툼

많은 사람이 위험한 기후를 피해 **이주**를 해야만 하는 처지가 될 거예요.

태평양의 피지 섬

살 곳과 식량, 물이 부족해지면 그러잖아도 어려운 상황이 더욱 악화돼요.
현명하게 공유할 계획을 세우지 못하면, 사람들은 살 곳과 식량, 물을 두고 싸움을 벌일 수도 있어요.

걱정

앞날에 대한 이런 예측을 읽으면 막막한 느낌이 들 거예요.
그러한 스트레스와 불확실한 느낌은 많은 사람, 특히 어린이들에게 나쁜 영향을 미쳐요.

지구를 걱정하는 마음은 곧 *우리 자신*을 걱정하는 마음이에요. 이 책에는 어떻게 하면
기후 위기를 건강하고 따뜻하고 능동적으로 다룰 수 있는지에 대해 많은 아이디어가 담겨 있어요.
먼저, 사람들이 이미 하고 있는 일들을 살펴볼까요?

누가 이 문제를 해결할까요?

문제가 이렇게 크면 한 사람이 모든 부분을 다 잘 알 수는 없어요.
이와 같은 문제를 해결하려면 다양한 분야의 사람들이 필요해요.
과학자들도 필요하지만, 과학자가 아닌 사람도 많이 참여해야 해요.

과학자

나는 컴퓨터로 미래를 예측해요.

나는 얼음을 연구해요.

나는 식물을 연구해요.

나는 사람들이 어떻게 의견을 바꾸는지를 연구해요.

내가 미래를 정확히 예측한다면…

…우리에게 닥친 문제를 더 잘 이해할 수 있을 거예요.

오랜 옛날 북극의 얼음을 오늘날의 얼음과 비교해서…

…기후가 어떻게 변할지 정확하게 알아보려고 해요.

열에 강한 새로운 품종의 벼를 만든다면…

…지구 온난화 때문에 식량 문제가 생기는 걸 막을 수 있을 거예요.

사람들은 이기적인 결정을 내리는 경향이 있어서…

…어떻게 하면 사람들을 협력하게 만들지 방법을 찾으려는 거예요.

나는 새로운 기술을 만들어 낼 수 있어요.

나는 해류를 연구해요.

나는 이산화탄소를 연구해요.

온실가스를 배출하지 않고 기계를 작동하는 엔진은 어떤가요?

바다와 육지, 날씨는 모두 연결되어 있어요.

모든 게 아주 복잡하게 얽혀 있어서 더 많이 알수록 좋아요.

지구의 온도를 낮추려면 대기 중의 이산화탄소를 줄여야 해요.

그렇게 할 수 있는 효과적인 방법을 찾고 있어요.

하지만 사실은 *모두가* 참여해야 해요.

나는 집을 고치는 중이에요.

나는 녹색 기업을 운영하고 싶어요.

우리는 나라 전체에 영향을 미치는 결정을 내려요.

평범한 사람

기업가

정치인

좋은 단열재를 쓰고 덧창을 달면…

지금은 소의 수를 줄이기 위해 인공 고기를 개발하고 있어요.

화석 연료를 캐내거나 태우는 데 드는 비용을 더 높이면 어떨까요?

…더운 날씨에도 냉방기가 필요 없을 거예요.

아니면 무공해 자동차를 사려는 사람들에게 보상을 주는 건요?

다 좋은 아이디어네요!

우리는 사람들의 행동 방식을 바꾸고 싶어요.

나는 무엇을 할 수 있지?

우리는 변화를 원한다!

기후 정의!

기후 활동가

바로 우리!

우리가 가장 먼저 할 수 있는 일은, 무슨 일이 벌어지는지 알아보는 거예요. 이 책은 기후 위기에 대해 많은 정보를 담고 있어요. 이 책을 보는 동안 여러분은 지금 바로 할 수 있는 일과 어른이 되어서 할 수 있는 일들에 대해 알게 될 거예요.

제2장
얼마나 확실한가요?

기후 변화가 정말로 일어나고 있는지,
얼마나 심한지, 우리가 무슨 일을 할 수 있는지에
대해 아주 다양한 의견이 있어요.

기후 과학자들은 정확한 사실을 수집하기 위해
노력하고 있어요. 그 덕분에 많은 것이 밝혀졌지만,
모든 것을 다 알아낸 것은 아니에요.

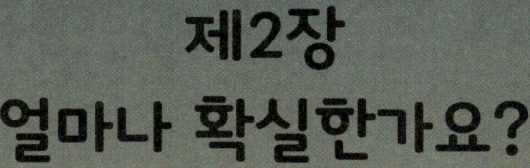

내가 볼 때는 대니 네가 걱정을 사서 하는 것 같아.

이 모든 게 우주 방사선 때문에 생긴다는 이론은 어떻게 생각하니?

뭐라고요?

합리적인 의심이라고요?

어떤 사람들은 기후 활동가들의 경고가 지나치다거나, 불필요하다거나, 아예 틀렸다고 말해요.
반대로 지금보다 더 걱정해야 하는 심각한 상태라고 말하는 사람들도 있어요.

기후 위기에 대해 서로 엇갈리는 강한 주장들 중에는 이런 것들이 있어요.

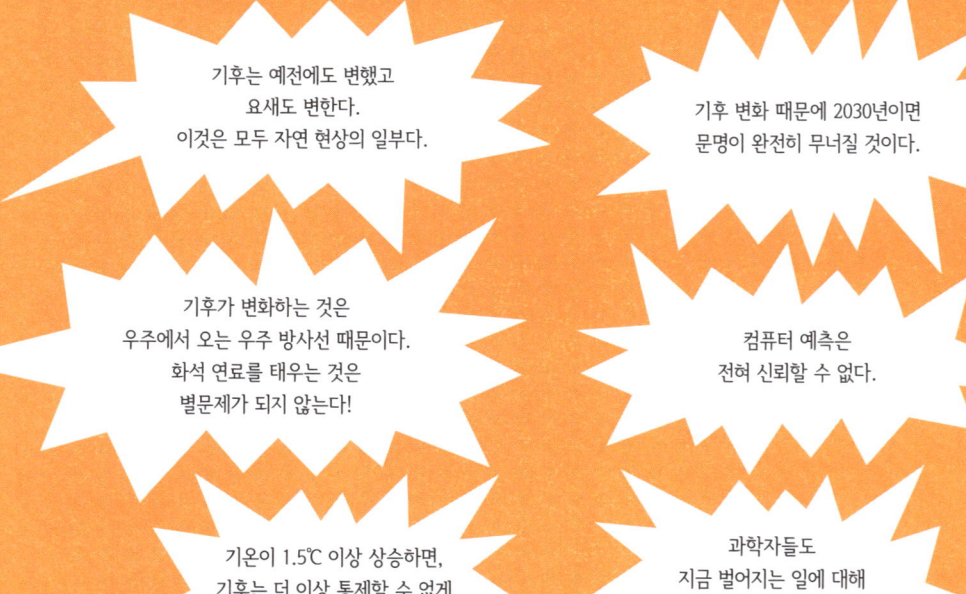

자신의 견해를 공개적으로 밝힐 때는 그 말을 증명하거나 제대로 뒷받침하는 것이 중요해요.
과학자들은 언제나, 모든 것에 의문을 품어요. 그것이 과학의 핵심적인 부분이에요.

과학자들은 의견이 일치하나요?

기후 위기에 대해서는 너무나 많은 의견이 있어서, 의견이 전혀 일치하지 않는 것처럼 보일 수도 있어요.

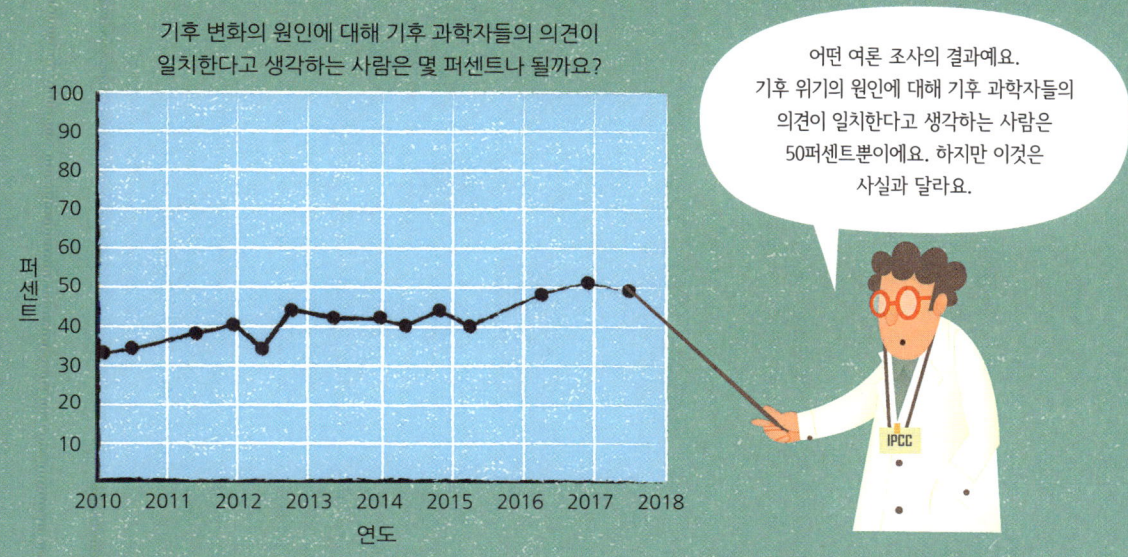

실제로 2010년대에 발표된 기후 연구들을 보면, 활동 중인 기후 과학자의 **97퍼센트**가 지구 온난화가 일어나고 있고, 인간 활동이 그 원인이라는 점에 동의하고 있어요. 이 정도면 **증거 능력**이 압도적이죠.

이처럼 대다수의 과학자들이 동의 또는 합의하면, **의견 일치**가 되었다고 말해요. 기후 변화에 대해 이렇게 강한 의견 일치가 이루어진 데는 **IPCC**(기후 변화에 관한 정부 간 협의체)의 노력이 큰 역할을 했어요. 책장을 넘겨 IPCC에 대해서 알아보세요.

IPCC

IPCC는 '기후 변화에 관한 정부 간 협의체(Intergovernmental Panel on Climate Change)'를 줄인 말이에요. IPCC는 1980년대에 만들어졌고, 기후 변화의 원인, 기후 변화의 영향과 미래에 닥쳐 올 위험, 그러한 위험을 줄일 방법에 대해 각국 정부에게 독립적으로 과학적인 조언을 해 주어요.

IPCC의 전문가 집단은 전 세계 과학자들이 발표하는 모든 기후 연구를 조사해요. 그런 다음 5~7년마다 한 번씩 IPCC의 전문가들이 합의하는 가장 새롭고 우수한 정보를 모아 보고서로 발표해요.

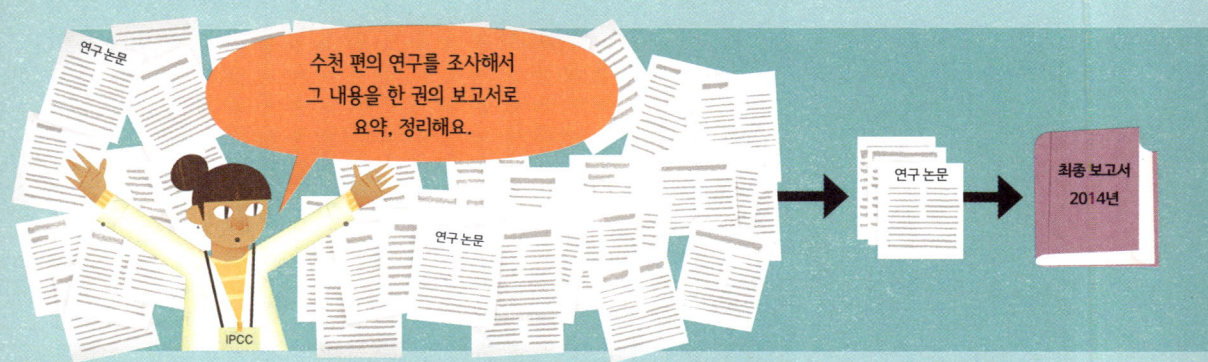

IPCC 보고서는 기후 위기에 대한 가장 믿을 만한 정보예요.
IPCC 5차 보고서는 2014년에 나왔어요. 그다음 보고서는 2022년에 나올 거예요.
그 사이에는 특정한 주제에 대한 좀 더 작은 보고서들이 발표돼요.

IPCC 과학자들은 연구 논문을 살펴볼 때면
우리가 정보를 알아볼 때 그러는 것처럼 언제나 꼼꼼하게 질문을 던져요.
모든 것을 확인하는 것은 과학적 사고에서 정말로 중요하거든요.

- 글쓴이가 기후 전문가인가? 특별히 이 주제에 대해서도 잘 아는 사람인가?
- 얼마나 많은 전문가가 글쓴이의 의견에 동의하는가?
- 글쓴이가 연구 방법을 투명하게 공개하는가?
- 이 숫자들은 영 앞뒤가 안 맞는걸.
- 최신 정보인가?
- 다른 사람들이 확인할 수 있게 참고 자료와 계산 방식을 알려 주는가?
- 글쓴이는 자신이 잘 모르는 부분을 분명히 밝히고 있는가?

IPCC는 미래를 어떻게 예측하나요?

미래의 기후를 정확히 예측하기는 어려워요. 미래의 많은 일은 사실 앞으로 몇 년 동안 사람들이 어떻게 행동하는지, 그리고 아직은 불확실한 기후의 급변점들이 어떤 영향을 미치는지에 달려 있어요.

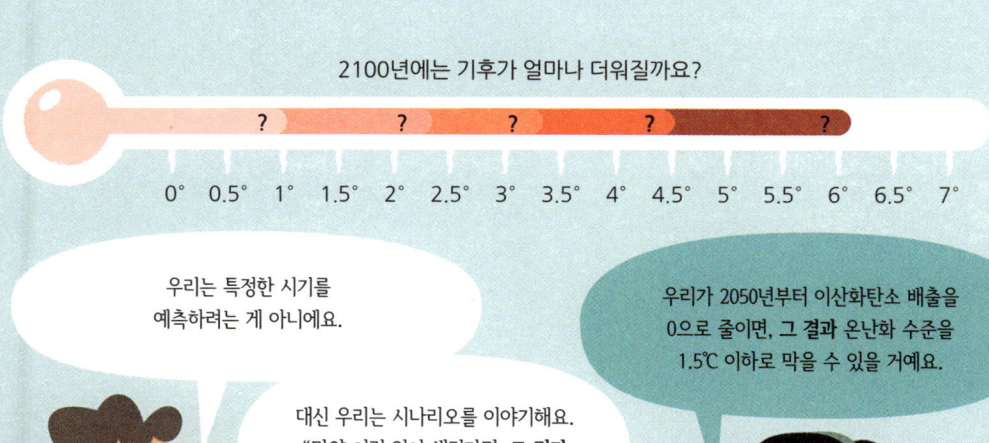

2100년에는 기후가 얼마나 더워질까요?

0° 0.5° 1° 1.5° 2° 2.5° 3° 3.5° 4° 4.5° 5° 5.5° 6° 6.5° 7°

- 우리는 특정한 시기를 예측하려는 게 아니에요.
- 대신 우리는 시나리오를 이야기해요. "만약 이런 일이 생긴다면, 그 **결과** 이런 미래가 예측됩니다." 하고요. 예를 들어….
- 우리가 2050년부터 이산화탄소 배출을 0으로 줄이면, 그 **결과** 온난화 수준을 1.5℃ 이하로 막을 수 있을 거예요.

IPCC는 얼마나 확신하나요?

기후 과학에는 과학자들이 쉽게 확신하지 못하는 부분들도 있어요.
과학자들은 자신들이 모든 답을 알고 있다고 사람들이 오해하지 않기를 바란답니다.

IPCC에서는 자신들의 연구에 대해 어느 정도 확신하는지를 다음과 같이 나타내요.
각각의 말의 의미도 함께 알아보세요.

IPCC의 확신	의미
거의 확실하다	맞을 확률 99~100퍼센트
가능성이 매우 높다	맞을 확률 95~100퍼센트
가능성이 어느 정도 높다	맞을 확률 66~100퍼센트
가능성이 반반이다	맞을 확률 33~66퍼센트

IPCC에서는 세계 곳곳에서 가뭄이 심해질 가능성이 어느 정도 높다고 생각해요.

구름과 강수량은 까다로운 문제예요!

IPCC에서는 1950년 이후 인간 활동이 온난화를 일으킨 주요 요인이었을 가능성이 매우 높다고 생각해요.

내일은 태양이 뜰 것이 *거의 확실해요.*

이와 같은 확신의 차이는 다루는 문제의 크기나 **규모** 때문에 생기기도 해요. 과학자들은 작은 규모(도시)의 미래 기후를 예측하는 일은 지구 전체 또는 대륙의 규모로 기후를 예측하는 것보다 확실성이 떨어진다고 말해요.

문제의 **복잡성** 때문에 확신의 차이가 생길 수도 있어요. 과학자들은 전쟁이나 사람들의 이주처럼 인간이 개입하는 복잡한 문제는, 폭염처럼 비교적 단순한 기후 효과보다 예측의 확실성이 떨어진다고 말해요.

여기 스프링필드시가 정확히 어떻게 될지는 알려 줄 수 없다는 겁니까? 쯧쯧.

사람들이 이주민을 저렇게 도와줄 줄은 몰랐어.

난민 여러분 환영합니다!

생각해 볼 질문들…

그렇게 불확실하다면, 앞으로 어떻게 될지 틀릴 수도 있다는 거네요?

몇 가지는 틀릴 거예요. 그런데 불확실성은 양쪽 방향으로 모두 작용해요.

어떤 일은 우리 예측만큼 나쁘지 않을지도 몰라요. 하지만 어떤 일은 훨씬 더 나쁠 수 있어요. 고온이 더 심해지는 끔찍한 온난화 시나리오가 실현되지 않는다는 보장이 없으니까 지금 행동해야 돼요.

'의견 일치'를 이루는 게 과학이라고요? 새로운 사실을 발견하는 것도 과학이잖아요?

물론이야. 하지만 의견 일치는 정부, 기업, 개인 할 것 없이 정보에 근거해서 결정을 내려야 하는 모두에게 정말로 중요한 것이란다.

너도 어떤 결정을 내리기 전에 전문가들이 다 같이 동의하는 게 무엇인지 알고 싶겠지?

기후 위기와 관련해 자기들에게 유리하게 이용하려고 IPCC에 많은 *압력*을 넣는다고 들었어요.

IPCC 보고서는 단어 하나까지 과학자들과 여러 정부의 승인을 받아야 해.

모든 사람이 동의하려면 '타협'이 필요하지.

그러니까 내가 하고 싶다고 해서 내 생각을 그대로 다 실 수는 없어. 마찬가지로 세계의 지도자들도 자기 국민들이 듣고 싶어 하는 말만 할 수는 없지.

IPCC 보고서는 어디에 사용하나요?

각 나라의 정부와 국제기구는 기후 위기에 어떻게 대응할지를 결정해야 해요.
그럴 때 IPCC 보고서를 활용해서 어떤 문제에 어떤 방식으로 대처하는 게 좋을지를 정하지요.

2014년 IPCC 보고서가 발표된 뒤,
2015년에 프랑스 파리에서 세계 모든 나라가
만나서 대규모 회의를 했어요.

미래를 예측하는 것도 어려운 일이지만, 정치인들이 어떤 사항에 합의를 하는 것도 그 못지 않게 어려운 일이랍니다.

2009년에 열린 회의는 아무런 합의 없이 끝났어요. 그래서 2015년 파리 회의에서는
어떻게든 타협을 해야 한다는 압박이 컸지요. 파리 회의는 모두에게 마지막 기회로 여겨졌으니까요.
그때 실패했다면 전 지구적인 노력은 끝났을지도 몰라요.

파리 회의는 역사상 세계 지도자들이 가장 많이 모인
큰 회의였어요. 2주 동안 서로 격렬하게 협상을 벌였고,
논쟁은 뜨겁게 이어졌어요. 마침내 회의가 끝날 즈음에
가까스로 합의에 이르렀어요.

파리 협정서는

전 세계의 약속이에요.
최초로 거의 모든 나라가 지구 기온 상승을
(사람들이 화석 연료를 많이 태우기 전
온도를 기준으로 할 때) 2℃ 훨씬 아래로
유지하기로 합의했어요.
또한 기온 상승이 1.5℃를
넘지 않도록 노력하겠다고 했어요.

서명

전 세계

기온 상승을 2℃ 훨씬 아래로 막을 수 있는 유일한 방법은 온실가스 배출량을 신속하게 줄이는 거예요.
IPCC는 2018년에 1.5℃ 목표를 달성하려면 배출량을 얼마나 빨리 줄여야 하는지에 대해
새로운 보고서를 냈어요.

2018년 보고서에는 기후 위기를 경고하는 내용이 가득하지만, 희망적인 메시지도 있었어요.

2018년 IPCC 보고서

- 기온 1.5℃ 상승은 2℃ 상승 때보다 피해가 훨씬 작다.
- 이와 같은 새로운 목표를 달성하려면 2050년까지 이산화탄소 배출과 제거 사이에 균형을 이루어야 한다. 이것을 이산화탄소 **순 배출 영점화**라고 부른다.
- **이 목표는 달성할 수 있다.** 하지만 사회의 모든 부분이 *아주 빠르게* 변화해야 한다.

연구자들은 보고서에 나오는 정보를 이용해, 다양한 시나리오에 따라서 지구의 평균 기온이 얼마나 올라갈지를 측정했어요. 불확실한 점이 있긴 하지만, 1.5℃의 목표를 달성하려면 우리가 더 많은 일을 해야 하는 것은 분명해요.

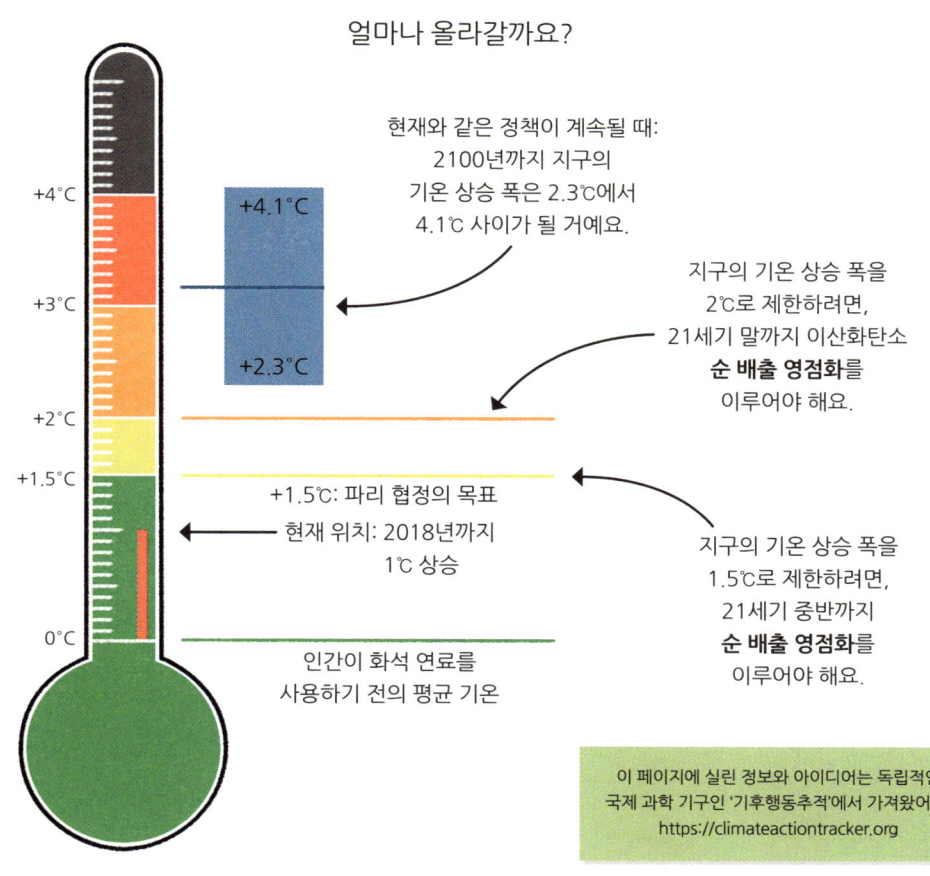

2100년이 되었을 때, 지구의 평균 기온 상승
얼마나 올라갈까요?

현재와 같은 정책이 계속될 때: 2100년까지 지구의 기온 상승 폭은 2.3℃에서 4.1℃ 사이가 될 거예요.

지구의 기온 상승 폭을 2℃로 제한하려면, 21세기 말까지 이산화탄소 **순 배출 영점화**를 이루어야 해요.

+1.5℃: 파리 협정의 목표
현재 위치: 2018년까지 1℃ 상승

지구의 기온 상승 폭을 1.5℃로 제한하려면, 21세기 중반까지 **순 배출 영점화**를 이루어야 해요.

인간이 화석 연료를 사용하기 전의 평균 기온

이 페이지에 실린 정보와 아이디어는 독립적인 국제 과학 기구인 '기후행동추적'에서 가져왔어요.
https://climateactiontracker.org

배출량을 어떻게 줄일까요?

먼저 탄소가 어디서 배출되는지를 분석해야 해요. 5차 IPCC 보고서에서 한 일이 바로 그거예요.
이 보고서의 가장 중요한 내용은 *우리가 하는 거의 모든 일이 탄소를 배출한다는* 거였죠.
그러니 탄소 배출량을 줄이는 건 결코 쉽지 않을 거예요.

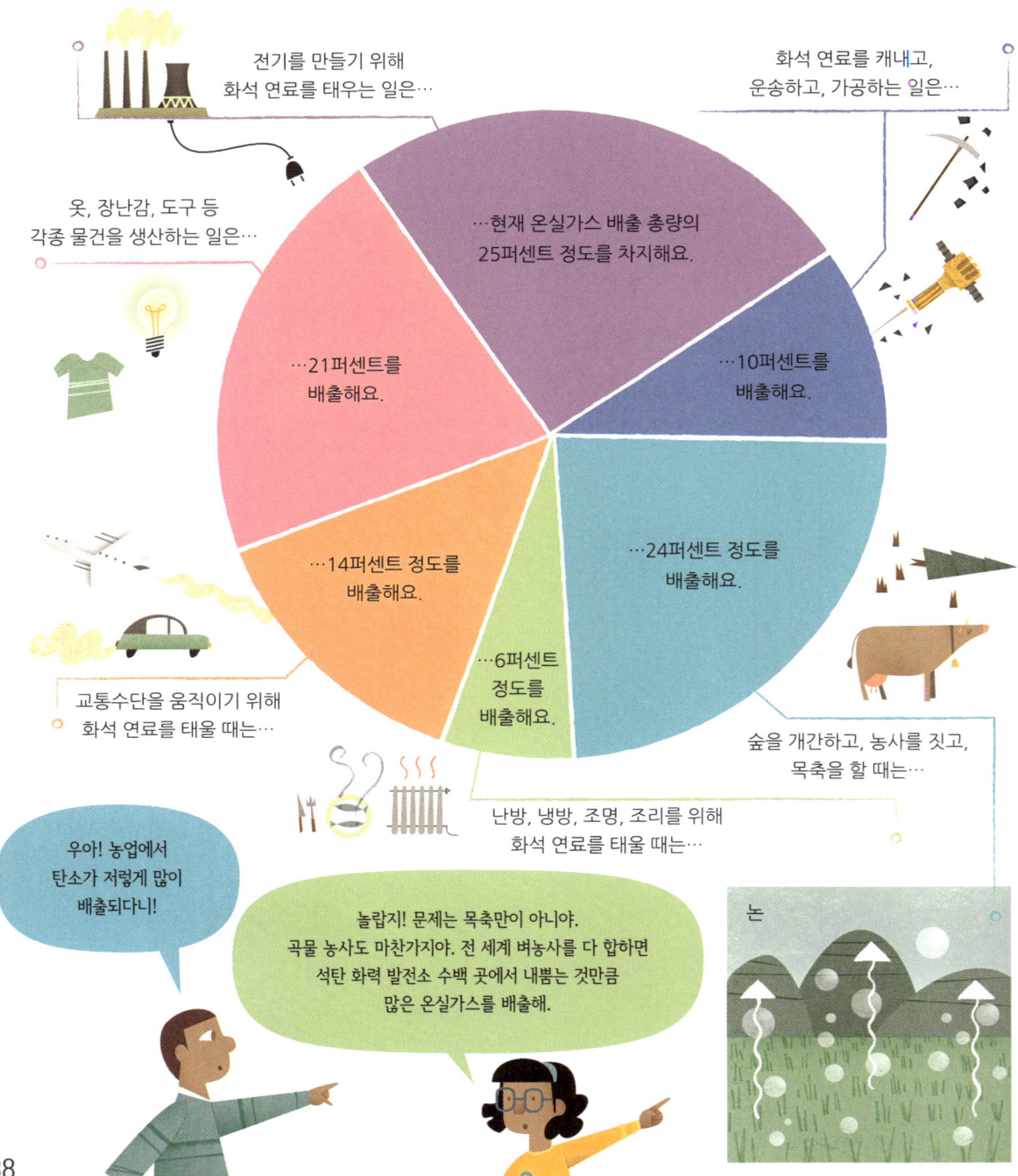

전기를 만들기 위해 화석 연료를 태우는 일은…

화석 연료를 캐내고, 운송하고, 가공하는 일은…

옷, 장난감, 도구 등 각종 물건을 생산하는 일은…

…현재 온실가스 배출 총량의 25퍼센트 정도를 차지해요.

…21퍼센트를 배출해요.

…10퍼센트를 배출해요.

…14퍼센트 정도를 배출해요.

…24퍼센트 정도를 배출해요.

…6퍼센트 정도를 배출해요.

교통수단을 움직이기 위해 화석 연료를 태울 때는…

난방, 냉방, 조명, 조리를 위해 화석 연료를 태울 때는…

숲을 개간하고, 농사를 짓고, 목축을 할 때는…

우아! 농업에서 탄소가 저렇게 많이 배출되다니!

놀랍지! 문제는 목축만이 아니야. 곡물 농사도 마찬가지야. 전 세계 벼농사를 다 합하면 석탄 화력 발전소 수백 곳에서 내뿜는 것만큼 많은 온실가스를 배출해.

논

미래에 지구의 온도가 *얼마나* 올라갈지는 우리가 배출하는 탄소의 총량에 달려 있어요.
2019년에 우리는 역사상 가장 많은 431억 톤의 이산화탄소를 배출했어요.
기후 위기를 해결하려면 어마어마한 이 숫자를 *줄여야* 해요.

2℃나 1.5℃라는 목표에 따라 *탄소 예산*이 정해져. 탄소 예산은 우리가 기온 상승 폭을 저 목표 기준치 아래로 유지할 수 있는 배출량 한도를 말하는 거야.

우리가 2019년과 똑같은 양을 계속 배출한다면, 8년 뒤에는 1.5℃를 목표로 하는 탄소 예산을 전부 써 버리게 돼요.

1.5℃ 풍선을 터뜨리지 않으려면 지구의 이산화탄소 배출량을 2030년까지 45퍼센트 낮춰야 해.

그러려면 우리의 모든 행동을 바꿔야 한다고. 엄청난 일이지.

예를 들면, 우리가 이미 만들어 놓은 발전소, 자동차, 공장 들을…

그러니 이제 화석 연료를 태우는 발전소를 짓는 건 그만두어야 할 뿐만 아니라, 이미 지어 놓은 화력 발전소들도 사용을 멈춰야 할 거야.

…수명이 다할 때까지 쓰면 1.5℃를 지키는 *전체* 탄소 예산보다 더 많은 양을 배출할 수도 있어.

0.5°C가 만드는 차이

2100년까지 1.5℃ 상승이냐 2℃ 상승이냐 하고 따지는 게 그다지 큰 차이가 없는 것 같지만, 동물은 말할 것도 없고 수많은 사람의 생사가 그 0.5℃에 따라 달라져요. IPCC에서는 이렇게 예측했어요.

	1.5°C	2°C
바다 얼음	북극은 여름이 되면 **100년에 한 번씩** 바다 얼음이 모두 녹아요.	북극은 여름이 되면 **10년에 한 번씩** 바다 얼음이 모두 녹아요.
굶주림	물고기가 덜 잡혀요. 건조한 지역을 중심으로 흉작이 자주 일어나요.	물고기가 **절반**밖에 안 잡혀요. 흉작이 **두 배**로 늘어나요.
폭염	인구의 **14퍼센트**가 5년에 한 번 이상 살인적인 더위에 시달려요.	인구의 **37퍼센트**가 5년에 한 번 이상 살인적인 더위에 시달려요.
생물 종 손실	다음과 같은 동식물이 사는 서식지가 절반 이상 사라져요.	
	곤충의 **6퍼센트** 식물의 **8퍼센트** 척추동물의 **4퍼센트**	곤충의 **18퍼센트** 식물의 **16퍼센트** 척추동물의 **8퍼센트**
	때로는 이런 숫자의 의미를 파악하기가 쉽지 않아요. 현재 위험에 처한 서식지 하나를 예로 들어 설명해 볼게요. 바로 산호초예요.	
	2100년까지 **70~90퍼센트**의 열대 산호초가 사라질 거예요.	2100년까지 **99퍼센트**의 열대 산호초가 사라질 거예요.

지금으로서는 아무래도 온도 상승을 제한하기로 한 목표를 이룰 수 없을 것 같아요. 실제로 온도는 3℃ 이상 올라갈 수도 있어요. 어쩌면 4℃ 이상 오를지도 몰라요. 그러면 재난 영화에서나 보던 풍경을 일상생활에서 보게 될 거예요.

2100년에 기온이 4℃ 상승했을 때 세계에서 벌어질 일
(영국 기상청 기후영향팀 팀장 리처드 베츠 교수의 자료)

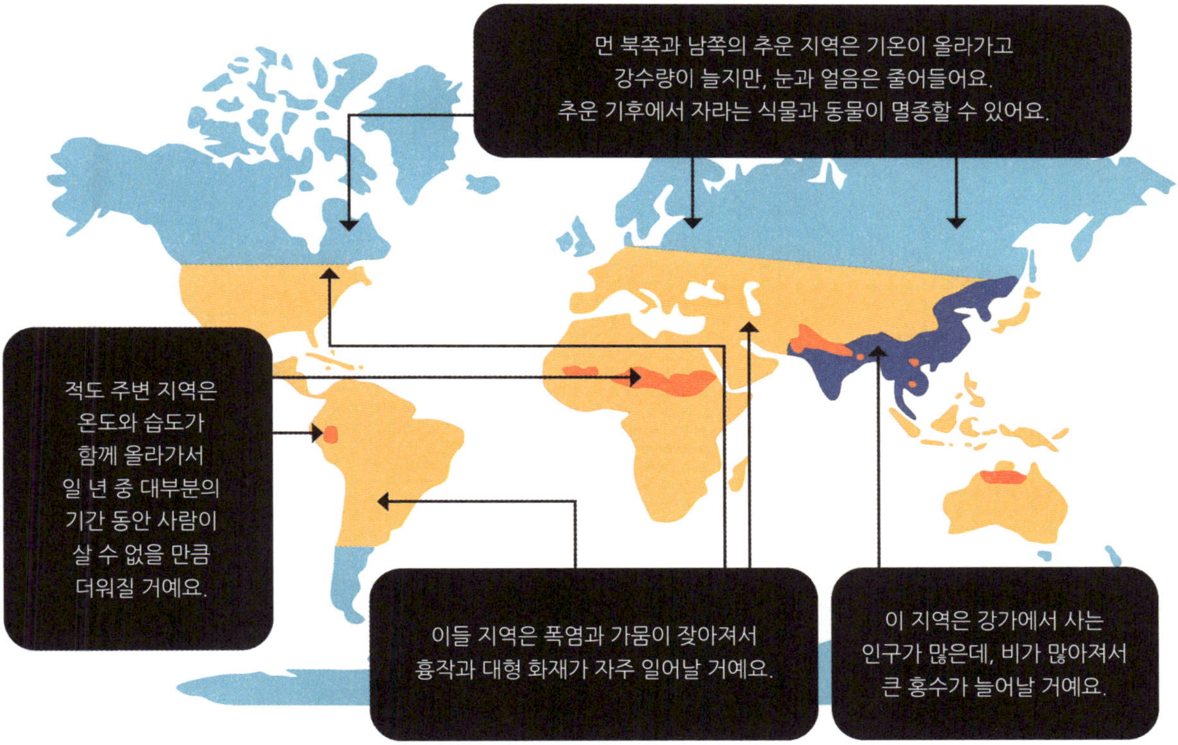

먼 북쪽과 남쪽의 추운 지역은 기온이 올라가고 강수량이 늘지만, 눈과 얼음은 줄어들어요. 추운 기후에서 자라는 식물과 동물이 멸종할 수 있어요.

적도 주변 지역은 온도와 습도가 함께 올라가서 일 년 중 대부분의 기간 동안 사람이 살 수 없을 만큼 더워질 거예요.

이들 지역은 폭염과 가뭄이 잦아져서 흉작과 대형 화재가 자주 일어날 거예요.

이 지역은 강가에서 사는 인구가 많은데, 비가 많아져서 큰 홍수가 늘어날 거예요.

알았어, 알았어! 나도 세상이 이렇게 되는 건 싫어.

좋아요! 그리고 고마워요. 생각을 바꾸는 게 얼마나 어려운지 잘 알아요.

그런데 기분이 나아지지 않아! 어떻게 해야 할지 모르겠고, 이제 너무 걱정돼.

걱정 마세요, 아빠. 대니한테 계획이 있을 거예요.

제3장
무엇을 해야 하나요?

기후 위기를 '해결'한다는 건 무슨 뜻일까요?
기후 변화를 *되돌리는* 건가요? 배출량을 *제한하는* 건가요?
아니면 이대로 살면서 *적응하는* 건가요?

우리는 개인이나 기업, 또는 사회 차원에서
우리가 하는 거의 모든 일에 대해 *선택*을 할 수 있어요.
실제로 우리가 선택할 수 있는 일은 아주 *많아요*.
우리가 지구 온난화를 1.5℃로 제한하는 데
필요한 변화를 만들어 낼 수 있을까요?

아빠, 괜찮으세요?
안색이 너무 안 좋아요.

미래에 대한 끔찍한 환상을 봤어.
우리는 세상을 바꾸어야 해.

함께 방법을
알아봐요.

무엇이 좋은 선택인가요?

배출량을 줄이기로 하든, 새로운 환경에 적응해 살기로 하든,
우리는 어떤 것을 선택하기 전에 먼저 다음과 같은 질문을 해 보아야 해요.
그리고 이 질문에 모두 '그렇다'라고 대답할 수 있어야 좋은 선택이에요.

1. 공정한가요?

기후 위기 때문에 어떤 사람들은 남들보다
더 큰 어려움을 겪어요. 특히 빈곤층 사람들이 그렇지요.
우리가 무슨 일을 할지 선택할 때,
이런 사실을 살펴봐야 해요.
우리가 하는 선택이 누군가에게
큰 피해를 주면 안 되니까요.

도시에서 자동차를 금지하더라도,
장애가 있는 사람들이
쉽게 돌아다닐 수 있을까?

갑자기 화석 연료 사용을 중단하면,
유전 노동자인 나는 직장을 잃게 돼.
이건 공정하지 않아!

우리는 당신들의 나라보다
오염을 덜 일으키는데,
기후 위기 때문에 겪는 위험은 더 커요.
피해 복구 비용은 당신들이 내야 해요!

국제 오염 정상 회의

2. 가능한가요?

이론으로는 좋은 아이디어라도
유용하게 쓰이려면
현실성이 있어야 해요.

우주선으로 태양 에너지를 모아서
지구로 쏘아 주자고? 우리한테는
그런 우주선을 만들 기술이 없어!

그리고 그런 기술이 있어도,
비용이 엄청나게 들어서
감당할 수 없을 거야.

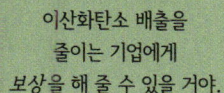

이산화탄소 배출을 줄이는 기업에게 보상을 해 줄 수 있을 거야.

저탄소 현금 보상

3. 사람들이 실제로 그렇게 할까요?

좋은 해결책이라면 사람들에게 그 일을 하고 싶다는 동기를 갖게 해 주어야 해요.

값이 더 싸면, 사람들은 친환경 물건을 살 거야!

마 100% 의류

숲을 베어 내는 일을 법으로 금지하면 사람들이 그만두지 않을까?

재활용하는 게 좀 더 쉬우면 더 열심히 지킬 텐데.

나무를 살리자!

숲을 지키자!

의류 / 유리 / 플라스틱 / 종이 / 일반 폐기물

골치 아픈 선택

실생활에서는 어떤 선택이든 대부분 쉽게 결정할 수가 없어요. 선택에는 긍정적인 결과뿐 아니라 부정적인 결과도 따라오기 마련이니까요. 그러므로 우리 스스로 어떤 희생을 기꺼이 감수할 것인지를 선택해야 해요.

여기 댐을 지어서 화석 연료 대신 수력을 이용한 발전을 해야 돼.

안 돼! 댐을 만들면 강에 사는 동식물한테 피해를 줄 거야!

하지만 화석 연료 사용을 중단해야 하잖아! 너는 뭐가 더 중요하다고 생각하니, 대니?

어떤 선택을 할 수 있나요?

한 나라의 정부나 사람들이 기후 위기라는 엄청난 문제의 해결책을 찾으려고 한다면, 기본적으로 크게 두 갈래 길을 생각해 볼 수 있어요.

1. 위기가 악화되는 것을 막아요

어떤 해결책은 기후 변화로 인해 *영향이 발생하기 전에* 그 영향을 줄이거나 피하는 거예요. 이것을 **완화**라고 불러요. 이 책에 나오는 많은 해결책이 사실은 완화 전략이에요. 아래에서 완화 전략의 예를 살펴보세요.

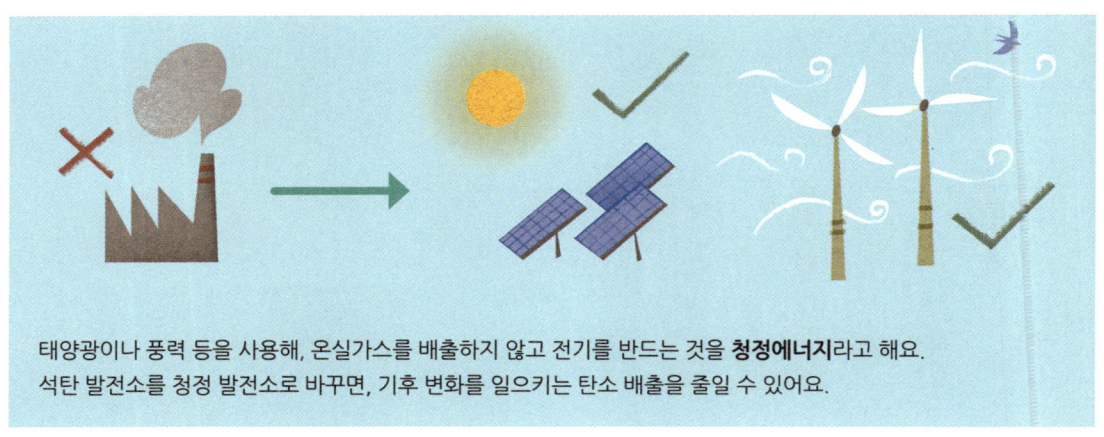

태양광이나 풍력 등을 사용해, 온실가스를 배출하지 않고 전기를 만드는 것을 **청정에너지**라고 해요. 석탄 발전소를 청정 발전소로 바꾸면, 기후 변화를 일으키는 탄소 배출을 줄일 수 있어요.

2. 기후 위기의 영향에 적응해요

기후 위기로 인해 어떤 일들은 이미 벌어졌고, 또 앞으로 피할 수 없는 영향들도 있어요. 이제 우리는 거기에 **적응**해서 살아야 해요. 이 말은 곧, 우리가 일을 하는 방식이나 앞날을 대비하는 방식이 *달라져야* 한다는 뜻이에요.

농부들은 더위에 강한 농작물을 심음으로써 점점 더워지는 기후에 적응해요.

정부에서는 건축 규칙을 바꿔서 집을 새로 지을 때, 더위를 좀 더 효과적으로 차단하도록 만들 수 있어요.

세 번째 방법도 있지만, 이 방법을 선택하는 사람은 많지 않을 거예요.
세 번째는 위기가 닥치게 내버려 두고 그냥 겪는 거거든요.
실제로 기후 위기의 어떤 결과들은 우리가 무엇을 하든지 피할 수 없어요.

결국 문제는, 우리가 고통을 어느 정도까지 달게 받아들일 것인가 하는 거야.

우리가 *완화* 전략을 더 많이 쓴다면 적응해야 할 일은 더 적어지고, 자연히 모두의 고통도 줄어들 거야.

얼른 시작해요! 어디서부터 시작해야 할까요?

경제

이 세상 모든 사람이 온갖 것, 즉 고춧가루에서 집, 일자리에 이르기까지
모든 것을 사고파는 구조를 통틀어 **경제**라고 해요.
어떤 기후 위기 전략과 해결책을 찾든지 우리는 경제를 함께 생각할 수밖에 없어요.

세라와 나는 경제학자예요. 우리는 경제가 작동하는 방식이 기후 위기 문제에 항상 좋은 영향을 주지는 않는다는 걸 알아요.

에노페, 하지만 우리는 *바로 지금* 해결책이 필요해요. 완전히 새로운 경제 운용 방식을 만들어 낼 시간이 없어요.

기업이나 사람들은 기후에 나쁜 영향을 끼치더라도 최대한 많은 *이익*을 내는 게 좋다고 생각하니까요.

그보다는 경제가 잘하는 것을 적절히 이용해서 기후 위기가 일으키는 문제를 줄일 수 있어요. 뒤에서 좀 더 설명해 볼게요.

작은 선택, 큰 영향력

세계 경제는 전 세계 모든 사람과 기업, 정부가 돈으로 연결되어 움직이는 하나의 거대한 네트워크예요. 하지만 경제가 아무리 크고 복잡해도 그것을 움직이는 것은 작고 단순한 거예요. 바로 사람들의 선택이죠.

사람들의 선택과 시장

경제에서 **시장**은 사는 사람과 파는 사람이 만나는 곳이에요. 사람들이 어떤 선택(무언가를 사거나 사지 않는 일)을 할 때마다 시장에 신호를 주게 돼요.

여름 휴가 때 어디로 가야 할까?

어떤 제품을 사려는 사람의 수를 **수요**라고 해요.

기업이 어떤 제품을 팔 수 있는 양을 **공급**이라고 해요.

이 저가 항공은 인기가 너무 많은걸. 비행기 표를 살 수 있을까?

죄송합니다. 방금 마지막 좌석이 팔렸답니다.

저렴이 항공
할인 항공권

항공권을 더 많이 팔려면, 비행기를 사야 해!

공급보다 수요가 **더 많다면**, 이는 판매자들에게 시장에 상품 공급을 **늘리라**거나 가격을 **올리라**는 신호가 돼요.

이런! 비행기를 너무 많이 샀어. 항공권을 다 팔 수가 없어.

공급보다 수요가 **더 적다면**, 이는 판매자에게 공급을 **줄이라**거나 가격을 **낮추라**는 신호가 돼요.

자신이 믿는 것을 표현하는 일은 큰 가치가 있어요. 여러 연구에 따르면, 사람들은 남들이 기후 위기 때문에 비행기를 안 탄다는 말을 들으면 자신도 비행기를 덜 타게 된다고 해요. 이것도 일종의 '순환 고리'인데, 좋은 순환 고리예요.

사람들이 더 좋은 선택을 할 수 있게 하려면

혜택을 주겠다고 약속하거나, 벌을 주겠다고 *위협*하거나, 올바른 정보를 주면서 슬쩍 부추길 수 있죠. 이처럼 사람들이 특정한 선택을 하도록 유도하는 역할을 하는 것을 **보상**이라고 해요.

돈은 흔한 보상 방법이에요. 예를 들어, 정부에서 모든 국민에게 자전거를 살 돈으로 10만 원을 줄 수 있어요. 그러면 사람들이 자전거를 많이 살 거예요.

이렇게 정부가 어떤 물건을 싸게 살 수 있게 주는 돈을 **보조금**이라고 해요. 이를 통해 정부가 얻는 이득은, '자전거가 많아진다 → 자동차가 줄어든다 → 탄소 배출이 줄어든다'가 되어요.

반대로, 사람들이 특정한 선택을 하지 않도록 유도하는 역할을 하는 것을 **억제 요소**라고 해요.

세금은 사람들과 기업이 정부에 내는 돈이에요. 온실가스를 배출하는 기업에 세금을 매김으로써 오염 물질을 덜 배출하게 만들 수 있어요.

잘못된 보조금

보상을 잘못 적용하면 아무런 도움도 안 될 거예요. 2016년의 한 조사에 따르면, 112개 나라에서 화석 연료 사용을 억제하도록 유도하는 대신 오히려 화석 연료에 *보조금*을 주었어요. 대부분의 시민들에게 에너지를 싸게 공급하기 위해서였어요.

2017년에 세계 각국의 정부가 화석 연료에 준 보조금은 약 415조 원인 반면, 청정에너지에 준 보조금은 약 123조 원이었어요.

보조금을 반대로 주면, 청정에너지 혁명을 시작하는 데 큰 도움이 될 거예요.

진짜 비용

시장은 사는 사람과 파는 사람이 적절한 가격을 찾도록 도와주는 역할을 해요.
하지만 시장은 모든 요소를 다 고려하지는 못하기 때문에 제 역할을 못 할 때도 있답니다.

이 공장은 값싼 곰 인형을 대량 생산해요.
하지만 생산 과정에서 대기 중으로
온실가스를 많이 내보내요.

오염을 정화하는 데는 큰돈이 들어요.
하지만 메가 곰 인형 회사는 그 돈을 내지 않아요.
나중에 다른 사람들의 돈으로 오염을 정화해야 하죠.
이 회사 곰 인형은 값이 싸서 인기가 많아요.

이 문제를 해결할 수 있는 유일한 방법은,
정부가 법을 만들어서 오염을 일으키는 기업이
*진짜 비용*을 내게 하는 것뿐이에요. 이제 기업이
수익을 내려면, 곰 인형을 훨씬 비싸게 팔아야 해요.

이런 식으로 비용이 많이 들면, 기업은 온실가스를
덜 내뿜는 곰 인형 생산 방법을 찾게 돼요. 그러면
기업이 정화 비용을 쓸 필요가 없어지기 때문에
비용이 내려가요.

진짜 비용은 얼마일까?

탄소를 배출하는 사람들과 기업에게 그 비용을 내게 만드는 것을 **탄소 가격**이라고 해요. 많은 정치가와 경제학자는 탄소 배출에 가격을 매기는 것이 좋은 정책이라고 생각하죠. 하지만 적절한 가격을 얼마로 할 것인지 결정하는 게 쉬운 일은 아니에요.

중요한 것은 탄소 가격이 모두가 습관을 바꿀 수 있는 *자극제*가 될 만큼 충분히 *높아야* 한다는 거예요. 화석 연료를 사용해서 돈을 버는 기업들은 이 정책을 싫어하겠지요.

그러면 비용이 너무 많이 들어요!

연료가 너무 비싸서 일을 할 수가 없어요!

또 다른 문제는, 연료 가격을 올리면 부유한 사람은 쉽게 돈을 더 낼 수 있지만 가난한 사람은 훨씬 더 힘들어지는 불평등이 생긴다는 거예요. 최근 몇 년 동안 가격 상승 때문에 어려워진 사람들은 탄소 가격을 반대해요.

어떤 사람들은 탄소 가격이 제 역할을 하려면 모든 나라가 함께해야 한다고 주장해요. 그러지 않으면, 오염을 일으키고도 비용을 지불하지 않는 사람들이나 기업이 부당한 이익을 보게 될 거예요.

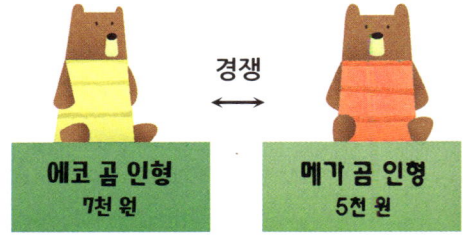

에코 곰 인형 7천 원 ↔ 경쟁 ↔ 메가 곰 인형 5천 원

15퍼센트
최근의 한 연구에 따르면, 지금 탄소 배출 가격으로는 세계 총 배출량의 15퍼센트만 비용을 내는 거라고 해요.

4분의 3 < 12000원
또한 같은 연구에서, 전체 탄소 가격의 4분의 3이 탄소 1톤당 12000원이 안 된다는 것을 발견했어요.

IPCC의 계산에 따르면, 1.5℃ 이하 목표를 달성하려면 2030년까지 모든 탄소 배출량에 대해 1톤 당 10만~22만 원 정도로 탄소 가격을 매겨야 해요.

현재의 탄소 배출 가격보다 훨씬 높지요. 따라서 기업이나 사람들의 동의를 받는 일이 아주 어려울 거예요.

투자하기

정부가 탄소세(탄소 배출량에 붙이는 세금)를 걷으면 한 가지 좋은 점은, 그 돈을 기후 위기를 해결하는 일에 쓸 수 있다는 거예요. 어떤 사업이나 계획에 돈을 쓰는 일을 **투자**라고 해요.

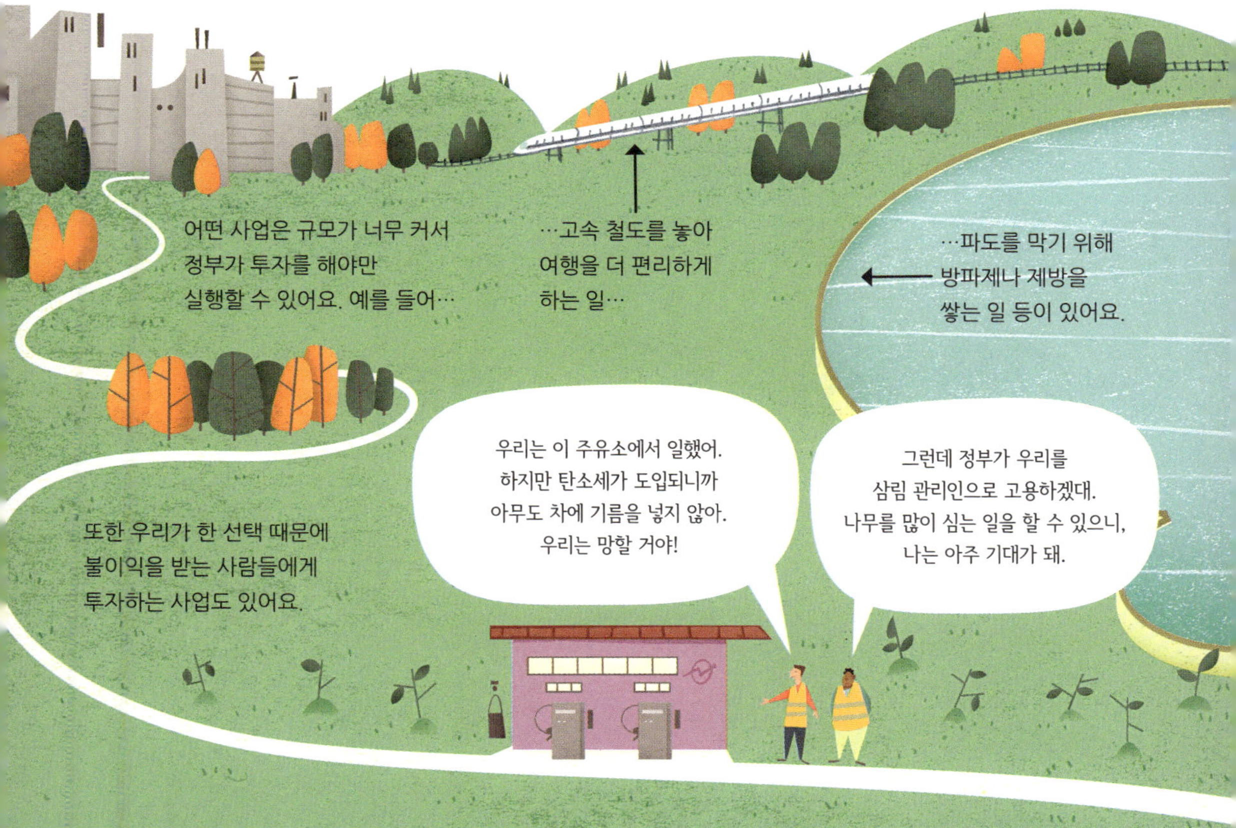

어떤 사업은 규모가 너무 커서 정부가 투자를 해야만 실행할 수 있어요. 예를 들어…

…고속 철도를 놓아 여행을 더 편리하게 하는 일…

…파도를 막기 위해 방파제나 제방을 쌓는 일 등이 있어요.

또한 우리가 한 선택 때문에 불이익을 받는 사람들에게 투자하는 사업도 있어요.

우리는 이 주유소에서 일했어. 하지만 탄소세가 도입되니까 아무도 차에 기름을 넣지 않아. 우리는 망할 거야!

그런데 정부가 우리를 삼림 관리인으로 고용하겠대. 나무를 많이 심는 일을 할 수 있으니, 나는 아주 기대가 돼.

정부의 투자는 정부가 어떤 일에 신경을 쓰는지를 보여 줘요. 기업과 개인들도 마찬가지지요. 그러자 기후 변화에 진지하게 대응하는 회사만 찾아서 투자를 하는 사람들이 생기기 시작했어요. 더 많은 사람이 그렇게 할수록, 시장은 모든 기업에게 환경에 어떤 영향을 미치는지 신경을 써야 한다는 압력을 줄 거예요.

그래서 정부는 어떤 사업을 해야 하는 거니? 좋은 아이디어 있어?

아이디어는 많아요. 근데 어디서 시작해야 할지 모르겠어요!

화석 연료를 줄이는 게 좋은 출발점 같아.

에너지는 어떻게 해야 할까요?

현재 우리가 사용하는 에너지는 전 세계 탄소 배출량의 3분의 2가량을 차지하고 있어요.
2100년까지 1.5℃ 이하로 온도 상승을 제한하는 목표를 이루려면,
에너지 공급과 사용 방식에 큰 *변화*를 일으켜야 해요.

화석 연료를 캐내면 안 돼요.
화석 연료를 태우면 온실가스가
너무 많이 배출돼요.

하지만 에너지 수요는
계속 늘어나요! 그러니까
사람들에게 필요한 에너지를
어떻게 공급하느냐 하는 게
정말로 중요해요.

2018년 IPCC 보고서에는 에너지 문제에 대해 다양한 해결책을 살펴본 내용이 실려 있어요.
저마다 계획도 다르고 접근 방법도 달랐지만, 몇 가지 공통된 전략을 뽑을 수 있었어요.

1. 화석 연료는 오염을 일으키므로, 전력 공급원을 화석 연료에서 다른 것으로 **바꾸어야** 해요.
화석 연료를 태우는 것보다 온실가스 배출이 적은 **청정 에너지원**을 가능한 한 많이 찾고 개발해야 하죠.

조력 발전은 밀물과
썰물의 움직임을 이용해서
전기를 만들어요.

태양광 발전은
태양에서 에너지를 얻어요.

강물을 막아 댐을 건설하
수력 발전을 해요.

풍력 발전은 어디에서
에너지를 얻을까요?

원자력 발전소가 공급하는
에너지는 온실가스를
배출하지 않아요.

식물을 태워 에너지를
얻을 수 있어요. 이때 탄소 포집
(58쪽을 보세요.)을 이용하면
이산화탄소를 줄일 수 있어요.

2. 한 사람당 에너지 소비를 줄여야 해요.
에너지 **수요**가 낮아지면 기후 상승을 억제하는 목표 달성이 더 쉬워질 거예요.

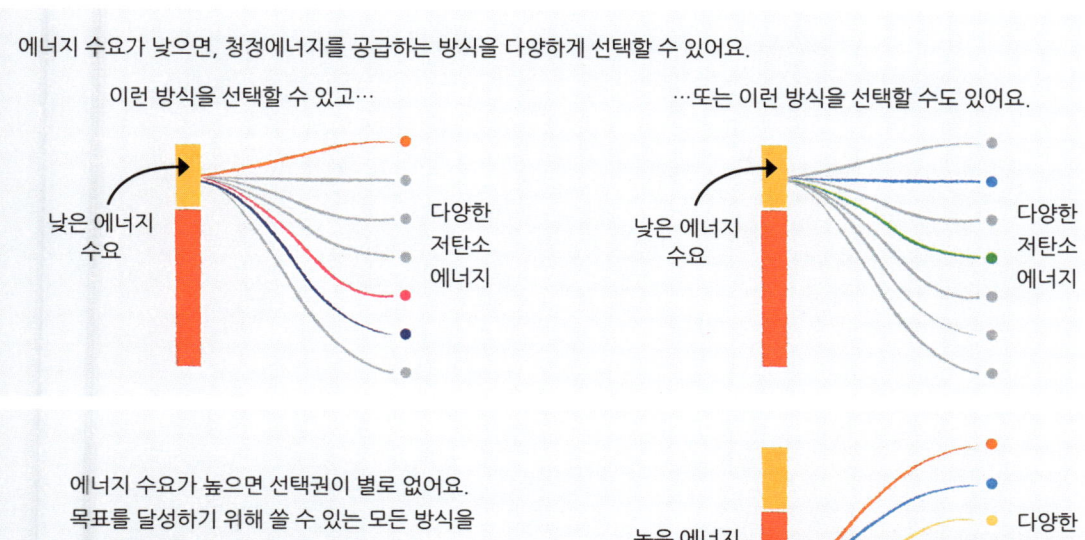

이 책에서 에너지를 어떻게 하면 더 적게 사용할 수 있는지에 대해 아이디어를 많이 소개할 거예요.

3. 주택 난방, 식품 조리, 차량 운행을 할 때 **오염을 일으키는 연료를 태우지 말아야** 해요.
그 대신 깨끗한 전기, 깨끗하게 생산된 수소 같은 연료로 바꾸는 게 좋아요.
수소를 태우면 오염 물질이 아니라 물이 나오거든요.

세계 곳곳에서 사람들은 숯이나 동물의 배설물 또는 나무를 태워서 음식을 조리해요.
이때 메탄이나 블랙 카본 같은 강한 온실가스가 많이 방출돼요. 깨끗하게 생산한 전기를 사용하는
전기 스토브를 널리 공급하면, 공기 오염과 온실가스 배출을 줄일 수 있을 거예요.

화석 연료를 넘어서

탄소 배출을 줄이려면 수많은 어려움을 이겨 내야 해요.
그중에서도 가장 큰 문제는 에너지를 어떻게 공급하고 사용할 것인가 하는 문제일 거예요.
누구나 짐작할 수 있듯이, 에너지는 수많은 논쟁을 불러일으키는 문제예요.

> 영국에서는 태양광 발전을 할 수가 없어. 영국 날씨를 몰라서 그래?

> 그렇지 않아! 태양광 발전은 날씨가 좋지 않은 나라에서도 잘할 수 있어. 물론 햇빛이 강한 곳에서는 효과가 더 크지. 사하라 사막 약 600평방킬로미터 (서울시 면적과 비슷함)를 현대적인 태양광 패널로 덮으면, 전 세계의 에너지 수요를 채울 수 있어.

> 그건 지구 전체 육지 면적의 0.1퍼센트밖에 안 돼!

> 하지만 그 방법은 안 될 거야. 사하라 사막의 에너지를 어떻게 오스트레일리아 같은 데로 옮겨?

> 맞아, 그 아이디어는 현실적이지 않아. 그보다는 세계 곳곳에 태양광 패널을 설치하고, 고품질 케이블 망을 깔아서 필요한 곳에 에너지를 전달하는 게 나을 거야.

> 그런데 어두울 때는 어떻게 해?

> 사람들은 에너지를 저장했다가 필요할 때 쓸 수 있는 다양한 방법을 연구하고 있어.

> 오해하지 말고 들어. 네 열정은 좋아. 하지만 여기서는 그 방법이 안 통할 것 같아.

> 그래도 시도해 봐야지. 그게 아니라면 네가 생각하는 대안은 뭐야?

에너지 저장 문제에 대한 해결책:

- 초대형 배터리 만들기
- 태양 에너지를 수소같이 저장 가능한 연료로 변환시키기
- 태양 에너지로 물을 끌어올려서 수력 발전에 사용하기

모든 영역에서 에너지 배출량을 줄이는 건 어려울 거예요. 하지만 2050년에 순 배출 영점화를 달성하려면 *에너지 배출량 감소*는 정말로 중요한 일이랍니다. 그래도 희망적인 것은, 한때 몹시 어렵게 느껴졌던 변화도 시간이 지나면 조금 쉬워질 때가 있다는 거죠.

탄소 포집

숲이나 토양 같은 탄소 흡수원은 공기 중에 있는 이산화탄소를 흡수하는 천연 장치예요. 오늘날에는 사람이 *인공적인* 탄소 흡수원을 만든답니다. 아래에서 **탄소 포집**의 세계를 살펴보세요.

내가 탄소를 잡았어요!

시도는 좋지만 그렇게 하는 게 아니란다. 대부분의 탄소 포집은 이산화탄소를 땅속으로 보내서 거기에 수천 년 동안 가둬 놓는 거야.

탄소 포집에는 두 가지 방식이 있어요.

1. 이산화탄소가 배출되기 전에 가두기

화석 연료 발전소의 굴뚝에서 나오는 연기에서 이산화탄소를 분리한 뒤…

…기계에 넣어서 액체 상태로 만들고…

…그런 다음, 깔때기로 땅속 바위와 토양 밑으로 깊이 보내서 가두어요.

발전소나 공장에서 나오는 이산화탄소를 모두 포집하면, 배출량은 0이 돼요. 이것을 **탄소 중립**이라고 해요.

2. 배출된 이산화탄소를 제거하기

농작물을 키워서 공중의 이산화탄소를 흡수하고, 그 식물을 발전소에서 태워서 전기, 열, 연료로 만드는데…

DACCS*(공기 중 탄소 직접 포집과 저장)라는 방식도 있어요. 이 방식은 거대한 흡입 팬으로 공기를 빨아들이고 화학 물질과 섞어서 이산화탄소를 분리해 낸 뒤…

…이때 배출된 이산화탄소도 *재포집*해서 땅속으로 보내요. 그 방식은 탄소 중립 화석 연료 발전소에서 하는 것과 똑같아요. 이 기술을 BECCS* (탄소 포집과 저장으로 만드는 바이오에너지)라고 해요.
*BECCS: Bioenergy with carbon capture and storage

…땅속으로 보내는 거예요.
*DACCS: Direct air Carbon capture and storage

BECCS와 DACCS는 탄소 중립보다 훨씬 좋은 방법이에요. 이것들은 **탄소 음성**이지요. 즉, 배출하는 이산화탄소보다 공기 중에 있는 이산화탄소를 없애는 양이 더 많다는 뜻이에요.

이 방법이 성공하려면

화석 연료 태우기를 중단하면 기후 위기를 늦출 수 있어요.
하지만 기온 상승을 1.5℃ 아래로 유지하려면, 공기 중의 이산화탄소도 흡수해야 하지요.
탄소 포집이 해결책이 되려면 다음과 같은 조건이 해결되어야 해요.

지하 저장고가 새지 않게 만들어야 해요!

누가 그 비용을 댈지 결정해야 해요. 우리 석유 회사가 아무 대가 없이 돈을 낼 거라고 기대하지는 마세요.

문제를 해결하려다가 다른 더 큰 문제를 만들어 내면 안 돼요. BECCS 방법은 농경지와 물을 많이 차지하기 때문에 식량 생산에 어려움이 생길 수 있어요.

탄소 흡수원 만들기

자연의 탄소 흡수원도 위기를 헤쳐 나가는 데 도움이 돼요.
탄소 흡수원을 잘 보호하고 더 많이 만들면, 공기 중의 이산화탄소를 더 많이 없앨 수 있어요.
하지만 현재 탄소 흡수원은 점점 *줄어들고* 있어요.

열대 우림을 생각해 보세요.
여러 연구에 따르면 사람들이
나무를 베고 태우는 속도가 너무 빨라서,
이제 곧 숲도 이산화탄소를 흡수하는 것보다
배출하는 양이 더 많아질 거라고 해요.
어떻게 해야 할까요?

IPCC에서는 삼림 벌채를 줄이고, 예전에 숲이 있었던 곳에
다시 나무를 심을 공간을 마련해야 한다고 충고해요.
이런 일을 **재식림**이라고 해요. 재식림의 효과를 잘 보여 주는 예가 있어요.

한국

20세기 전반, 한국에서는 울창한 숲이 베어지고
불에 탔어요. 사람들은 나무를 베어 땔감으로 썼지요.

1967년이 되자, 한때 푸르렀던 산들은
황폐한 민둥산이 되었지요.

민둥산은 곤란한 문제예요. 나무는 흙 속에
탄소와 물을 저장하는데, 나무가 없으면
땅은 건조해지고 거의 아무것도 자라지 못해요.

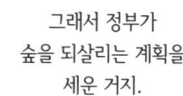

그래서 정부가
숲을 되살리는 계획을
세운 거지.

1987년

20년 후, 오늘날 서울 면적의
약 39배쯤 되는 숲이
다시 생겨났어요.

숲이 끝도 없이
펼쳐져 있네!

한국 정부에서는 에너지 회사들이
나무 연료 사용량을 줄이도록 보상을 주며 장려했어요.
그리고 산의 주인들에게도 나무를 심게 했어요.

2000년

숲은 계속 늘어났어요. 숲이 넓어지자 더 많은 탄소가 저장되었어요. 1990년대 말이 되자, 숲을 되살리는 계획을 처음 시작했을 때보다 **12배**나 많은 탄소를 흡수하고 저장하게 되었어요.

현재 그리고 이후

나무를 많이 심는 것에 그치지 않고…

나무를 좀 베어 내야 할 것 같아요.

예? 왜요?

어린 나무는 오래된 나무보다 탄소를 더 빨리 흡수하거든요.

베어 낸 나무를 태우지만 않으면, 그 나무들도 탄소 저장고가 돼요.

과학자들에 따르면, 전 지구적인 산림녹화 사업으로 이번 세기 동안 약 600억~2,000억 톤의 이산화탄소를 흡수할 수 있을 거라고 해요. 이 사업이 아주 잘된다면, 공기 중에 있는 이산화탄소의 4분의 1을 제거할 수 있을 거예요.

그러니까 오래된 나무를 베고 어린 나무를 심으면 이산화탄소를 *더 많이* 흡수할 수 있어요. 또 어떤 나무를 베어 낼지 신중하게 고른다면 야생 동물들에게도 해를 끼치지 않을 거예요.

토양을 보호해야 해요

오랫동안 수생 식물의 유해가 두껍게 쌓여 만들어진 **이탄지**라고 하는 질척질척한 습지는, 전 세계 모든 숲을 다 합한 것보다 **두 배**나 많은 탄소를 저장해요. 하지만 이탄지도 점점 사라지고 있어요. 왜 그럴까요?

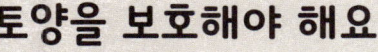

이탄지의 물을 빼내고 남아 있는 식물을 태워서, 농사를 지을 수 있는 땅으로 만들기 때문이죠. 그러면 이탄지에 저장돼 있던 탄소가 대기 중으로 들어가요.

사실 탄소 흡수원을 없애는 가장 큰 이유가 농사예요. 하지만 모든 건 변할 수 있답니다.

똑똑한 농사, 똑똑한 식생활

오늘날의 농경지가 예전엔 거친 들판과 숲이었어요. 거대한 탄소 흡수원이었죠. 농사짓는 방식을 바꾸면 온실가스 배출량도 줄이고, 농경지도 덜 사용하고, 사라진 탄소 흡수원도 되살릴 수 있어요.

세계 식량 **시장**(시장에 대해서는 48쪽 참고)은 달라져야 해요.
농업 생산(**공급** 측면) 방식뿐 아니라 식품 구입(**수요** 측면) 태도도 변해야 해요.

식단 바꾸기

식품 가운데는 생산 과정에서 다른 식품보다 더 많은 온실가스를 배출하고 더 많은 땅이 필요한 것이 있어요. 고기(특히 소고기)는 기후에 가장 큰 영향을 미치는 식품이에요.

목축 농업은 탄소 배출 총량의 15퍼센트 정도를 차지해요.

전 세계적으로 러시아 면적의 두 배쯤 되는 땅이 목축이나 사료용 농작물 재배에 사용되고 있어요.

한 연구에 따르면, 유럽에서 고기와 유제품, 계란 섭취를 **절반**만 줄여도
유럽 지역 온실가스 배출량이 최대 **40퍼센트** 줄어들 거라고 해요.
그러면 목장이 차지하는 땅도 **4분의 1**가량 줄어들 거예요.
세계 다른 지역을 연구한 논문들도 비슷한 수치를 나타내요.

하지만 세계인의 식생활을 바꾸는 일은 결코 쉬운 문제가 아니에요.
이에 대한 해결책을 찾으려면 수많은 사람의 서로 다른 요구와 필요를 생각해야 할 거예요.

…공급 쪽의 생각

…수요 쪽의 생각

고기를 너무 많이 먹는 것만이 문제는 아니에요. 과일과 채소를 재배하는 경우에도
탄소를 많이 배출할 때가 있어요. 특히 먼 지역으로 운송하면 더 그렇지요.
그러니 어떤 것을 키울지, 먹을거리의 종류뿐 아니라 키우는 *방법*과 *장소*도 바꾸어야 해요.

63

농사법을 바꾸어요

농사를 지을 때는 온실가스를 얼마간 배출할 수밖에 없어요.
특히 기계를 이용하면 온실가스가 많이 나와요. 농사법에 따라 탄소 배출량이 다르고
특정한 농사법이 탄소를 더 많이 배출한다면, 농사법을 바꾸어야 하지요.

토양을 보호해요

토양을 잘 보호하면 탄소 배출량을 줄일 수 있어요.
토양은 거대한 탄소 흡수원이고, 그 안에 탄소가 많을수록 농작물이 잘 자라요.

경작지 토양은 농작물이 공기의 이산화탄소를 흡수해서 탄소를 얻고,
뿌리를 통해 탄소를 토양으로 전달해요. 하지만 여기에 문제가 있어요.

우리의 *농사법* 때문에 많은 농경지에서
농작물이 토양에 전달하는 것보다
더 많은 양의 탄소를 공중으로 유출해요.

하지만 이 방법을 모든 농장에 다 적용할 수는 없을 거예요. 어떤 해결 방법이 성공할지 말지는
기후, 농작물의 종류, 토질에 달려 있어요. 따라서 각 농장에 알맞은 맞춤형 해법이 필요해요.
정확히 어떤 변화가 일어날지, 그 변화가 효과를 낼지는 많은 요인에 따라 달라져요.

작은 변화가 일어나고,

급격한 변화도 일어나요

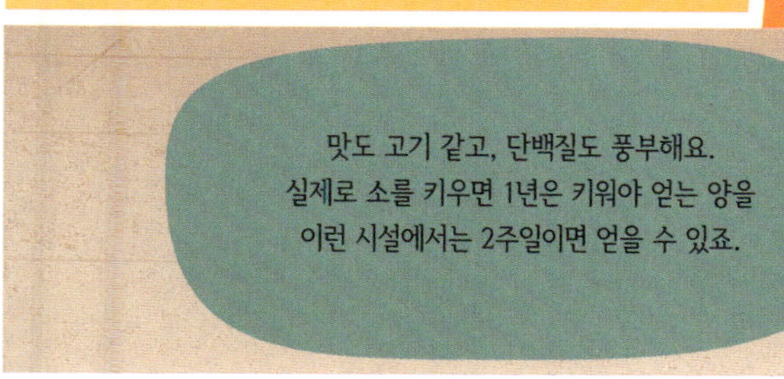

식량 낭비가 온난화를 일으켜요

우리가 생산하는 식량 중 3분의 1이 **쓰레기**로 버려져요.
식량 쓰레기는 여러 가지 방식으로 온실가스를 배출하고 있어요.
모두 합하면 전 지구 온실가스 배출량의 8~10퍼센트를 차지할 거예요.

식량은 농장에서 식탁까지 오는 모든 단계에서
쓰레기가 되어 버려져요.

농장에서
식량이 낭비되는 경우를 보면…

…농작물이 제대로 자라지 않아서 수확을 못 할 때.

…농부가 수확한 과일을 다 팔지 못할 때.

…저장해 둔 시설에서 작물이 상할 때.

…수확할 때 빠뜨리고 작물을 조금씩 남겨 놓을 때.

운송 과정에서
식품은 포장되어 비행기나 육로, 또는 해로로 옮겨져요.
이 과정에서도 낭비가 일어나는데…

…포장이 파손되어서 식품이 상해요.

…식품이 서로 부딪혀 상해요.

…운송에 시간이 너무 오래 걸려서 식품이 상해요.

구매 과정에서
식품이 슈퍼마켓, 식당, 가정에 도착한 뒤에도 낭비가 일어나는데…

…슈퍼마켓에서 식품을 유통 기한까지 팔지 못할 때.

…사람들이 구입한 식품을 먹지 않을 때.

…사람들이 먹고 남은 식품을 버릴 때.

…식당에서 식재료를 너무 많이 사거나 음식을 너무 많이 만들 때.

잠깐! 식품이 버려지는 건 물론 좋지 않은 일이지만, 그게 탄소 배출하고 무슨 상관이죠?

식품은 아주 다양한 방식으로 온실가스를 배출해요.

쓰레기 매립지

여러 단계마다 버려지는 많은 식품이 매립지로 옮겨져 썩어요. 식품이 매립지에서 썩을 때 이산화탄소와 메탄이 배출돼요.

연료와 땅의 낭비

식품 낭비를 줄이면, 우리에게 식품이 실제로 얼마만큼 필요한지 더 잘 알 수 있어요. 애초에 식품을 조금 덜 생산하면 재배, 운송, 저장에 필요한 에너지도 줄어들 거예요.

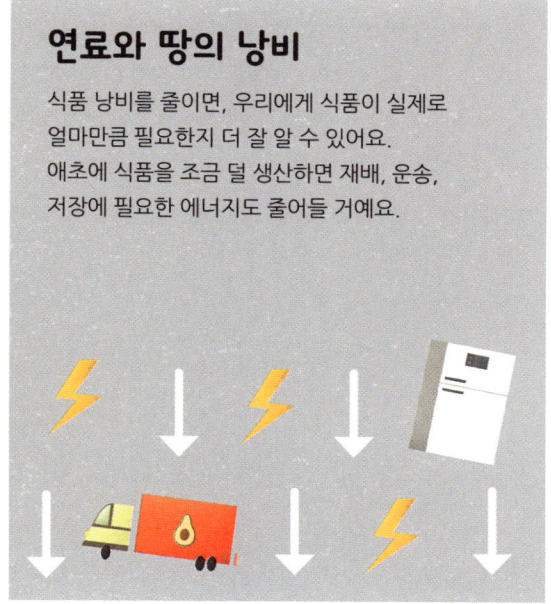

낭비를 줄이려면

낭비 문제를 해결하는 데 대담하고 새로운 아이디어가 필요한 건 아니에요.
이미 방법을 알고 있으니, 실천만 하면 돼요. 몇 가지 예를 들어 볼게요.

농장에서

많은 농장에서 기계를 이용해 수확을 해요. 그러면 대부분의 농작물은 수확을 할 수 있지만 빠뜨리는 것이 생기게 마련이에요. 이때 일꾼들을 보내서 뒤에 남아 있는 농작물을 마저 수확해 주는 회사들이 있어요.

운송 과정에서

슈퍼마켓에서 *가까운 지역*에서 생산한 식품을 판매하면, 식품이 먼 길을 이동할 필요가 없어요. 물론 이때 식품을 재배하는 방식도 지구에 해를 끼치지 않아야 효과가 있어요.

구매 과정에서

남은 음식물은 **퇴비**로 만들 수 있어요. 퇴비는 다른 식물이 자라는 데 양분을 공급해 주죠. 그리고 음식물을 이렇게 썩히면 매립지에서 썩는 것보다 메탄을 덜 배출해요.

사람들의 이동

인구가 늘고 사람들의 생활이 넉넉해지면 이동을 하려는 수요도 늘어나요. 운송 수단의 온실가스 배출량은 전체 배출량의 14퍼센트 정도를 차지하지만, 다른 어떤 분야보다 *더 빠르게* 증가하고 있어요.

주요 교통수단별로 탄소 배출량을 비교할 수 있어요.
승객 한 사람이 1킬로미터를 이동할 때 배출하는 이산화탄소의 그램 수(g/km)는 다음과 같아요.

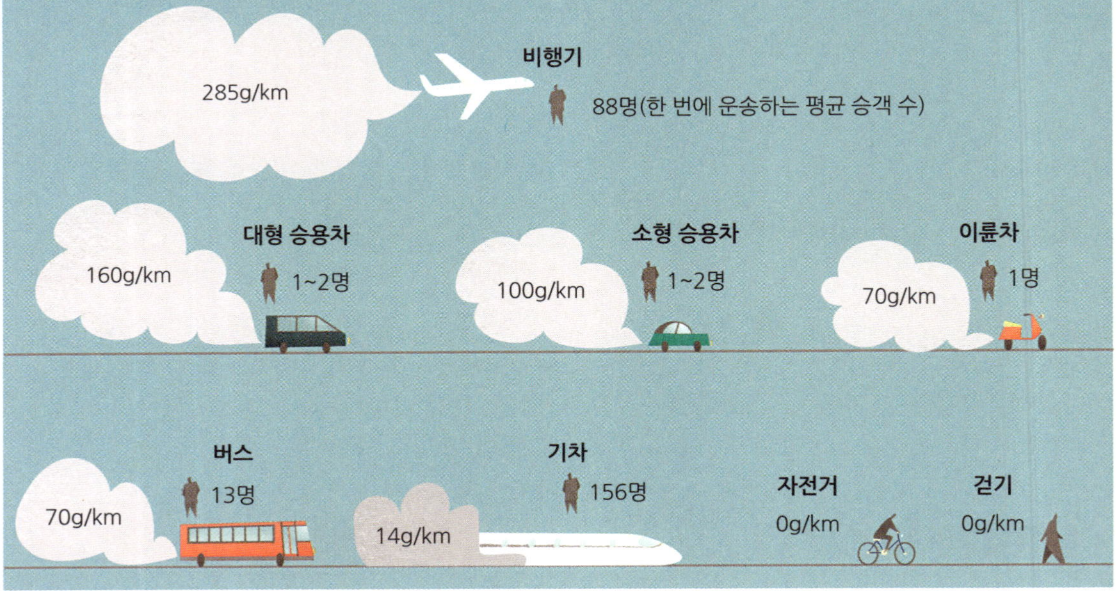

비행기 285g/km — 88명(한 번에 운송하는 평균 승객 수)

대형 승용차 160g/km — 1~2명

소형 승용차 100g/km — 1~2명

이륜차 70g/km — 1명

버스 70g/km — 13명

기차 14g/km — 156명

자전거 0g/km

걷기 0g/km

어떤 사람들은 여행을 아주 많이 다니지만, 거의 대부분의 사람은 여행을 많이 다니지 않아요. 세계 인구의 10퍼센트가 모든 운송 수단 배출량의 80퍼센트를 차지해요.

이 말은 운송 수단의 배출량이 크게 늘어날 가능성이 높다는 뜻이에요. 항공기의 수가 계속 늘어난다면, 2050년까지 1.5°C로 온난화 상승을 제한하기 위한 전체 탄소 예산 중 *4분의 1*을 비행기가 소비할 거예요.

나는 비행기를 타 본 적이 없어.

#지구여행자

대부분의 이동은 장거리보다는 짧은 거리로 일정한 지역 안에서 일어나요. 그래서 현재는 승용차와 트럭이 내뿜는 도로 배출량이 운송 수단 전체 배출량의 4분의 3가량을 차지해요.

사람들과 기업, 정부에서 도로 배출량을 *줄이기* 위해 할 수 있는 여러 가지 *방법*을 아래에 실어 두었어요.

이 방식들을 모두 함께 실천한다면 효과가 있을 거예요. 하지만 버스나 기차가 없는 지역의 사람들에게 승용차를 타지 말라고 할 수는 없어요. 우리에게는 통합적인 해결책이 필요해요.

화석 연료를 사용하지 않기

- 석유계 연료 대신에 좀 더 친환경적인 연료인 메탄이나 바이오 연료를 사용해요.
- 전기 차량을 이용해요. 특히 화석 연료를 태우지 않고 청정에너지로 만든 전기를 쓰면 더욱 좋겠지요.

친환경적인 대안 만들기

- 정부가 기차와 버스에 투자를 많이 해서, 더 저렴하고 효율적이고 편리하게 만들어요.
- 정부가 도로를 설계할 때, 자전거를 편리하고 안전하게 탈 수 있게 만들어요.

가능하면 이동하지 않기

- 도시의 길을 좁게 설계하면 운전하는 것보다 걸어 다니는 게 더 편해질 거예요.
- 기업이 직원들에게 재택근무를 하게 해요.

효율성을 높이기

- 공학 기술자들이 자동차를 더 가볍게, 엔진은 연료를 덜 사용하게 만들어요.
- 승용차를 홀로 타지 않고 카풀(승용차 함께 타기)을 해요.
- 전기 자전거 같은 새 기술을 개발해요.

걷기 좋은 도시들을 연결하는 고속 철도로 *매력적인* 미래를 만들어요.

하지만 비행기 여행 문제를 해결해야 해요. 지금은 탄소를 배출하지 않고 비행을 할 수 있는 현실적인 방법이 없어요.

탄소 발자국

물건을 만들고, 운송하고, 사용하고, 폐기할 때마다 온실가스가 나와요.
각 물건이나 그와 관련된 활동이 배출하는 탄소의 양을 **탄소 발자국**이라고 해요.
정확한 양을 계산하기는 힘들지만, 합리적인 추정은 할 수 있어요.

탄소 발자국은 크게 두 부분으로 이루어져요.

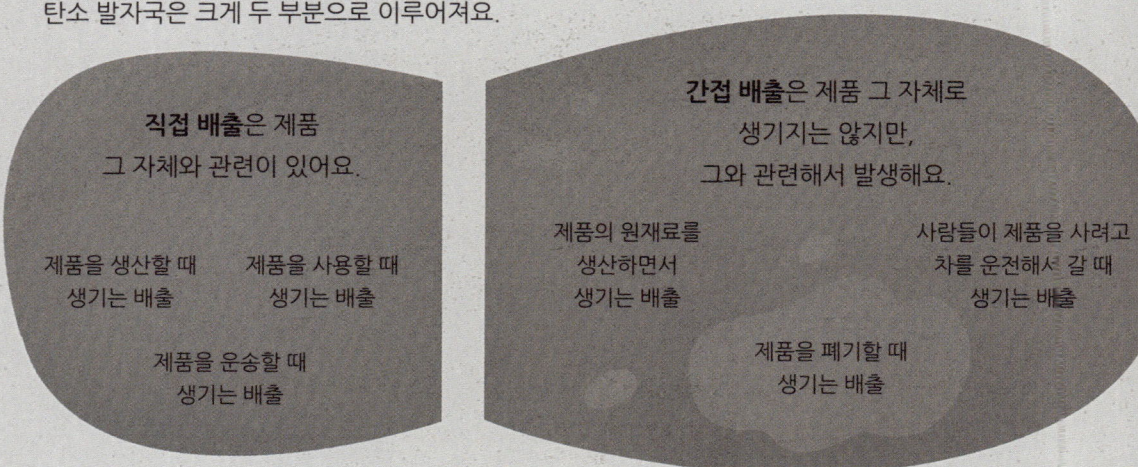

직접 배출은 제품 그 자체와 관련이 있어요.

제품을 생산할 때 생기는 배출

제품을 사용할 때 생기는 배출

제품을 운송할 때 생기는 배출

간접 배출은 제품 그 자체로 생기지는 않지만, 그와 관련해서 발생해요.

제품의 원재료를 생산하면서 생기는 배출

사람들이 제품을 사려고 차를 운전해서 갈 때 생기는 배출

제품을 폐기할 때 생기는 배출

영국의 연구자인 마이크 버너스-리는 『How Bad are Bananas? *바나나는 얼마나 나쁜가?*』라는 책에서, 여러 가지 물건의 탄소 발자국을 추정했어요. 어떤 제품이 직접 또는 간접적으로 배출하는 탄소의 무게를 그램 수로 나타냈죠. 여러 물건들의 탄소 발자국을 비교해 보세요.

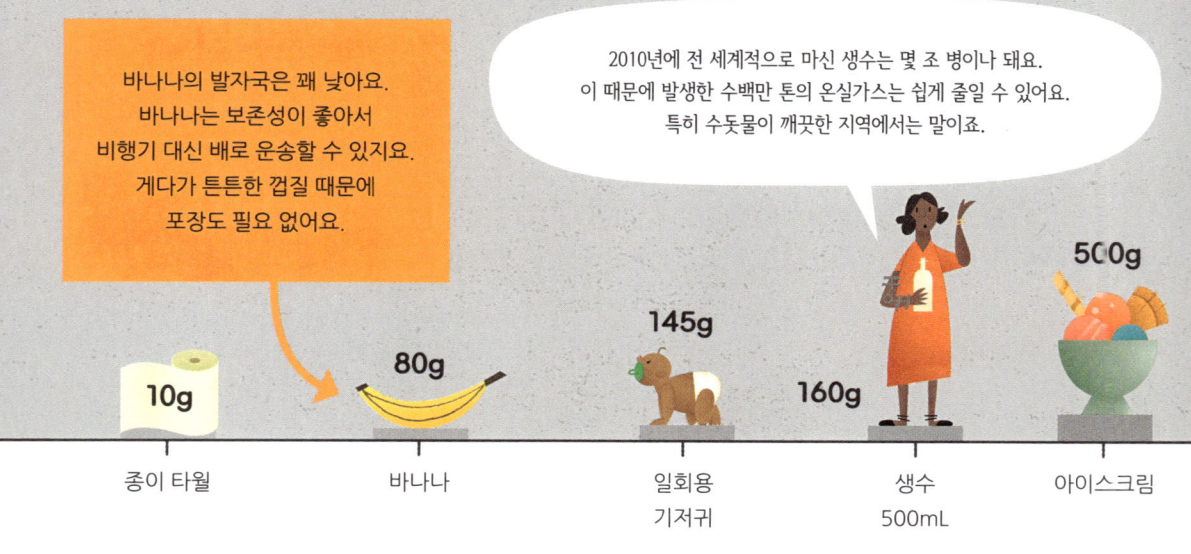

바나나의 발자국은 꽤 낮아요. 바나나는 보존성이 좋아서 비행기 대신 배로 운송할 수 있지요. 게다가 튼튼한 껍질 때문에 포장도 필요 없어요.

2010년에 전 세계적으로 마신 생수는 몇 조 병이나 돼요. 이 때문에 발생한 수백만 톤의 온실가스는 쉽게 줄일 수 있어요. 특히 수돗물이 깨끗한 지역에서는 말이죠.

종이 타월 10g
바나나 80g
일회용 기저귀 145g
생수 500mL 160g
아이스크림 500g

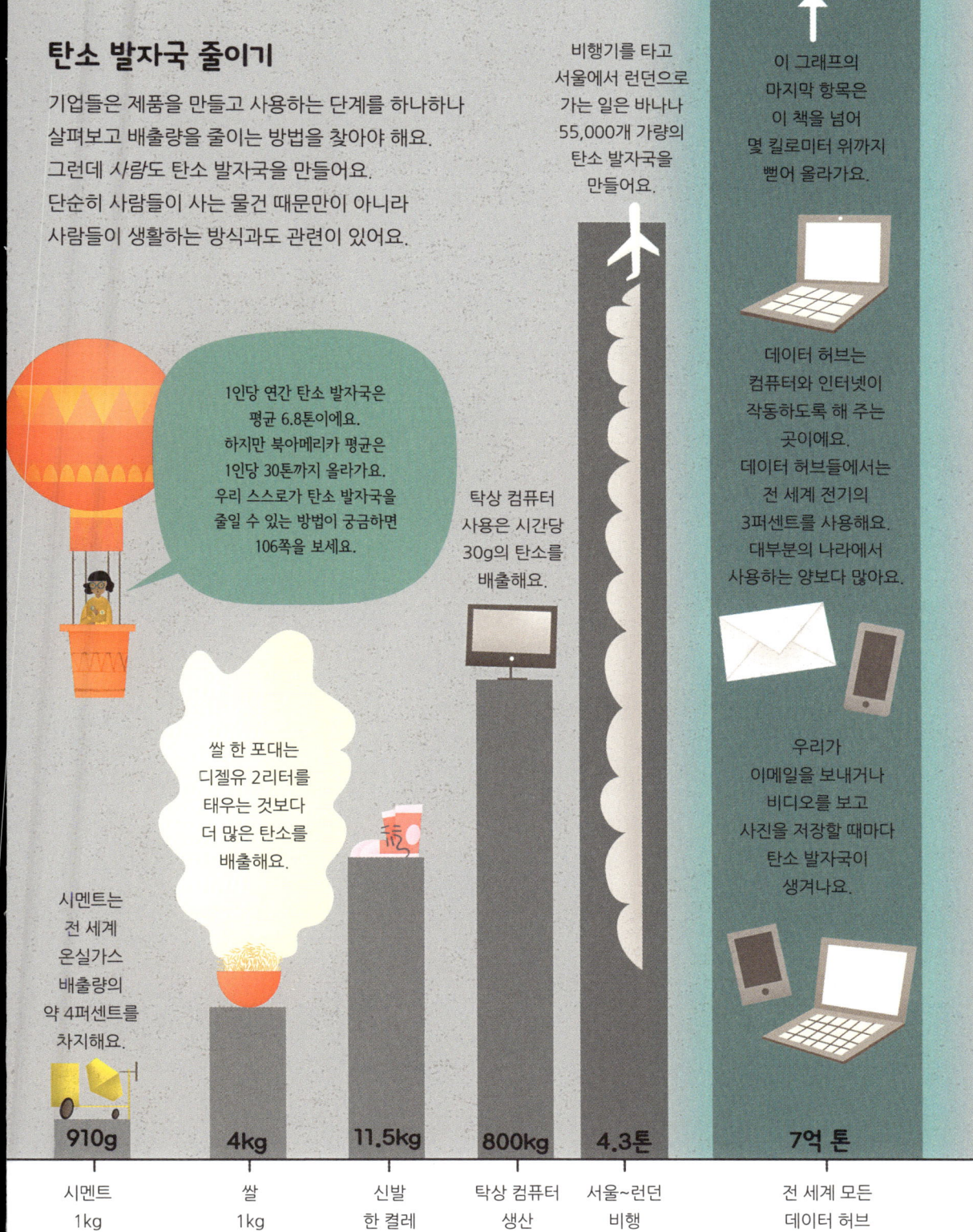

밝은 조명, 녹색 도시

전문가들은 2050년이 되면 세계 인구의 70퍼센트가 복잡하고 바쁜 도시에서 살게 될 거라고 말해요. 지구 기온 상승을 1.5℃ 아래로 유지하려면, 세계의 도시들은 탄소 배출을 줄이고 흡수량은 늘려야 해요.

그렇다면 도시들은 앞으로 어떻게 달라져야 할까요?

배출량 줄이기

건축 방식과 전기 사용 방식에 큰 변화가 일어나면 배출량을 크게 줄일 수 있어요.

건물들을 짓거나 수리할 때 에너지를 훨씬 적게 사용하는 방식을 채택해요.

우리 지역은 전체가 풍력 발전으로 만든 전기를 사용해.

연한 색 페인트는 알베도가 높아. 나는 우리 건물을 흰색으로 칠하는 중이야. 그러면 열을 더 많이 반사할 수 있어. 실내 온도도 내려갈 테니까 냉방기 사용도 줄일 수 있어!

새로운 규칙을 만들어서 사람들의 행동 방식을 바꾸어요.

시내 중심부는 승용차가 출입할 수 없어요!

흡수량 늘리기

식물은 어디서나 키울 수 있어요.
식물이 많을수록 이산화탄소가 더 많이 흡수돼요.

공원과 녹지

아, 맑은 공기!

도로에 늘어선 가로수

옥상 정원

수직 정원

새로운 환경에 적응하기

도시들은 기후 위기의 영향을 누그러뜨리는 동시에
새로운 생활 조건에 맞춰서 적응해야 해요.
각 도시의 적응 방식은 그 지역의 기후 변화 상황에 따라 달라져요.

도시 건설 방법이 달라져야 해요.

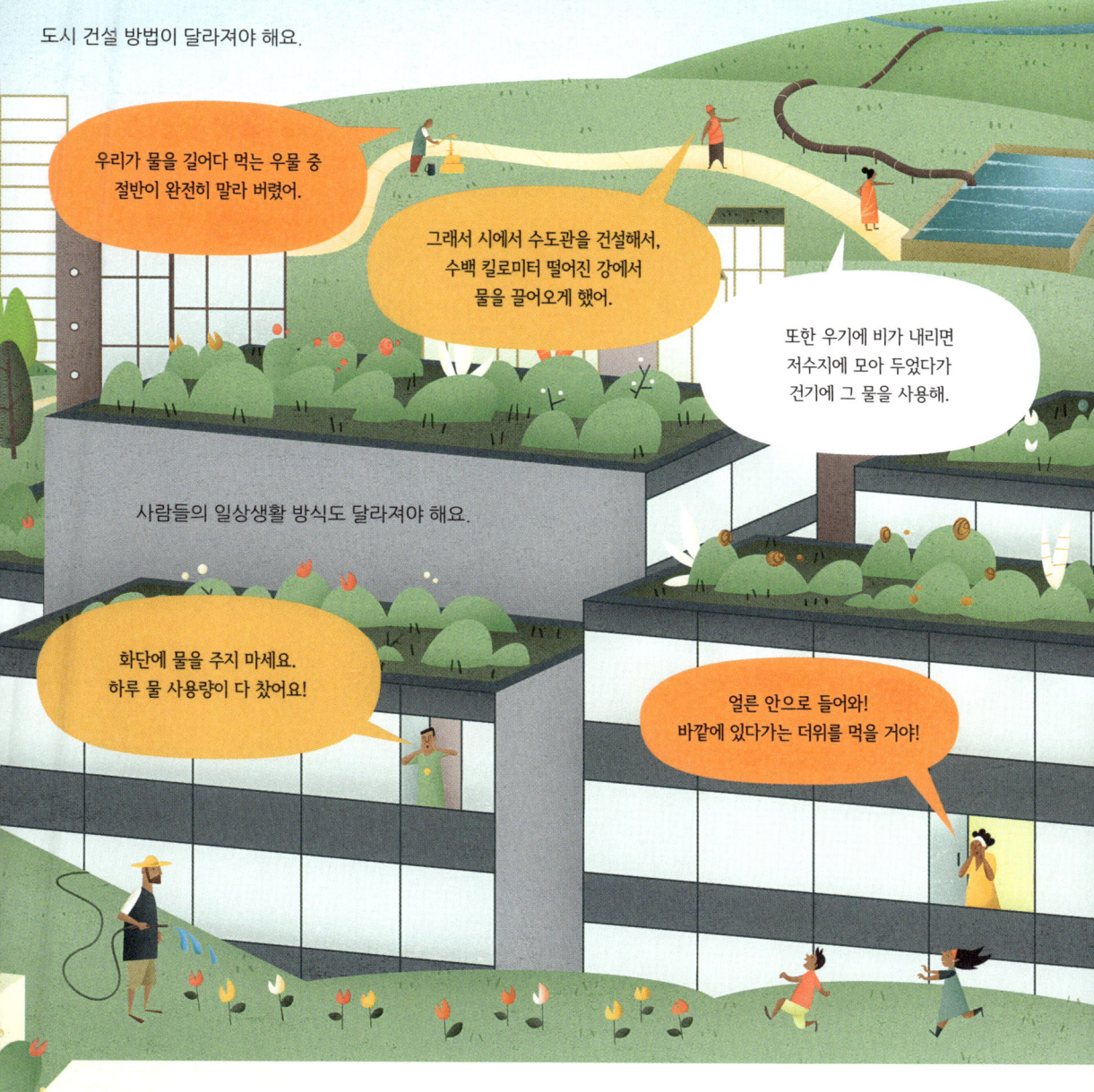

슈퍼컴퓨터로 조정하는 네덜란드 로테르담의 거대한 홍수 방벽에서부터
인도 뉴델리의 승용차 2부제까지, 전 세계의 모든 도시와 마을은 이미 적응을 위한
노력을 시작했어요. 여러분이 사는 곳에서는 어떤 적응이 일어나고 있나요?

73

시원하게 생활하기

지구 온난화 때문에 생기는 가장 큰 모순 중 하나는
우리가 아이스크림이건 집이건 무언가를 *시원하게* 만들려는 행동이
실제로는 지구를 *덥게* 만든다는 거예요.

냉각제

냉방기나 냉장고, 냉동고 등 무언가를 시원하게 만드는 장치에는 **냉각제**라는 기체를 사용해요.
냉각제 기체들은 유용하긴 하지만 대기 중으로 빠져나가면 위험해요.

가장 널리 쓰는 냉각제는 **수소화불화탄소**, 영어 약자로는 HFC라고 해요. 수소화불화탄소는 아주 강력한 온실가스예요.

실제로 수소화불화탄소는 이산화탄소보다 수천 *배* 이상 강력해요. 우리가 수소화불화탄소를 조금만 더 많이 배출해도 지구 온난화는 훨씬 더 심해질 거예요.

수소화불화탄소가 배출되는 때를 살펴보면…

…수소화불화탄소가 들어가는 장치를 만들 때.

…수소화불화탄소가 들어간 장치를 버릴 때.

…그 기체가 샐 때.

오늘날 수소화불화탄소 같은 냉각제는 전체 온실가스 배출량의 1퍼센트 이하예요.
하지만 이러한 냉각제 기체들이 매우 위험한 이유가 두 가지 있어요.

1. 인구가 늘고 지구가 더워지면서, 냉각 수요는 더 높아지고 냉각 기체 배출량도 더 많아질 거예요.

2. 배출되는 수소화불화탄소의 90퍼센트는 냉각 기기들을 폐기하는 과정에서 새어 나와요. 세상에는 *수천만 대*의 냉각 기기가 있고, 수십 년 된 기계는 결국 폐기해야 하지요.

수소화불화탄소는 배출량의 극히 일부를 차지하지만, 그럼에도 배출량을 줄이고 냉각 기기를 안전하게 폐기하면 미래에 일어날 온도 상승을 0.5℃ 낮출 수 있어요. 우리의 기후 기준으로 보면, 이것도 *아주 큰* 수치예요.

이처럼 중요한 문제는 세계적인 대응이 필요해요. 2016년에 170개 나라의 관리들이 르완다의 키갈리에서 만나서 수소화불화탄소의 사용을 완전히 금지하는 계획을 세웠어요.

키갈리 합의는 *공정성*에 기초를 둔 해결책에 모두가 합의한 좋은 예랍니다.

회의 참석자들이 도달한 합의는 모두가 만족할 수 있는 일종의 *타협*이었어요.

키갈리 합의

- 각 나라는 경제력에 따라서 2036년 또는 2047년까지 수소화불화탄소 사용을 4분의 3 이상 줄인다.

- 경제 강국들은 가난한 나라들이 이러한 변화를 실행하도록 돕기 위해 돈을 주기로 한다.

- 이 계획을 어기는 나라는 경제적인 처벌을 받기로 한다.

서명:

극단적인 해결책

바다와 날씨, 땅을 변화시킨다는 것은 영화 속 악당이나 생각해 낼 만한 계획 같아요.
하지만 과학자들은 지구를 *살리*는 아주 별난 방법이 있을 수 있다고 말해요.

바위를 이용해 놀랄 만큼 많은 일을 할 수 있어요.
바위를 잘게 깬 **암석 분말**을 땅 위에 얇게 펴면
이산화탄소를 많이 흡수할 수 있어요.

이 산을 허물어서 몽땅 자갈로 만들 거야!

암석의 종류와 장소를 잘 고르면
암석 분말이 농작물 성장에도
도움이 돼요.

하지만 암석을 잘게 부수는 일에는
에너지가 쓰이고, 암석에서 나오는 화학 물질이
환경에 해를 끼칠 수 있어요.

또 다른 방법으로, 암석 분말을 이용해
바다의 산성도를 낮출 수 있어요.
그러면 바다가 이산화탄소를
더 많이 흡수할 수 있어요.

아니면 철이나 질소 같은 물질을 **바다에 비료로 주어서**
조류(이끼 비슷한 물속 식물)가 자라게 할 수도 있어.
조류가 대량으로 자라면 많은 양의 이산화탄소를
흡수하고 저장할 수 있지.

암석 분말

번성하는 조류

바다를 가지고 이런 실험을 하는 것은 큰 위험이 따를 수 있어요.
그리고 이 작업을 영원히 계속 하지 않으면, 짧은 기간 동안만 효과를 내고 말 거예요.
이 일을 중단하면, 이산화탄소는 다시 방출되고 기온은 다시 올라갈 거예요.

문제가 아주 심각할 때 생각해 볼 수 있는 *정말로 대범한 아이디어*도 있어요.
이런 방법은 직접 지구를 식히려는 것으로,
지구의 *알베도*를 높여서 더 많은 열이 반사되도록 하는 방법이에요.

화산이 폭발하면 대기 상층으로 기체를 내뿜어. 그러면 햇빛이 덜 투과돼서 지구의 기온이 낮아지지. 우리도 비슷한 일을 할 수 있을 것 같은데….

비행기를 타고 대기 상층으로 올라가 햇빛을 막는 기체를 뿌리는 거야. 황당한 생각일까? 아니면 내가 천재인 걸까?

구름에 소금을 뿌려서 반사력을 높일 수도 있어.

빙하에 반사판을 덮어서 빙하의 온도를 낮출 수도 있을 거야.

문제는 이런 해결책이 얼마나 효과가 있을지, 예상치 못한 부작용이 있는 것은 아닌지 아직 모른다는 거예요.

이곳의 구름을 바꾸었다가, 다른 곳의 강수량이 확 달라지면 어떻게 하지?

모든 나라가 날씨를 조작할 수 있게 되었다고 생각해 봐! 그런 게 통제가 되겠어?

아직 결론이 나지 않은 수많은 연구가 여전히 진행 중이에요.

이 일을 해내려면

온도 상승을 1.5℃ 이내로 제한하려면 2050년까지 탄소 중립을 이루어야 해요. 기계를 돌리는 데 필요한 동력을 만드는 방법, 식량을 기르는 방법, 이동하는 방법 등 여러 가지를 바꾸어야 하지요. 게다가 이와 같은 일을 빨리 실행해야 해요. 어떻게 할 수 있을까요?

이 일은 엄청난 도전이지만, 그렇다고 해서 어마어마한 초능력이 필요한 것은 아니에요. 사실 우리에게 필요한 건, 누구나 가지고 있고 할 수 있는 일상적이고 평범한 능력이에요.

이런 능력들은 실제로 효력이 있는 조약과 계획, 행동을 만들어 내는 데 꼭 필요해요.
IPCC에 따르면, 1.5℃ 목표를 맞추려면 특히 세 가지, 즉 기술, 돈, 행동 방식의 변화가 중요해요.

기술

변화를 만들 수 있는 기술을 빨리 발전시켜야 해요.
그리고 저렴한 비용으로 필요한 모든 곳에
기술을 보급해야 하죠.

돈

배출량을 줄일 수 있는 기술과 아이디어,
사업에 아주아주 많은 돈을
투자해야 해요.

농민들에게 기후 친화적인
기계를 살 돈을 줘야 해. 빨리!

내가 계산한 바로는,
약 22조 7천억 원을 투자해서
새로운 풍력 발전소를 건설해야 해.

그 일을 할 사람 15,000명을
교육하는 것을 목표로 잡자.

행동 방식

정부가 사람들의 행동 방식을 바꾸는 데는 한계가 있어요.
우리는 사람들이 *자발적으로* 생활 방식을 바꿀 방법을 찾아내야 해요.

사람들이 가까운 친구들과 지구에 대해
이야기를 하게 되면 지구 문제에 좀 더
신경을 쓴다는 말을 들었어.

식품 포장에
저탄소로 생산한 재료로
만들었다는 표시가 있으면,
사람들에게 좋은 제품이라는
믿음을 줄 거야.

할 일은 아주 많고, 또 그 일을 하기 위해 *선택할* 수 있는 방법은 훨씬 더 많아요.
중요한 것은 우리가 그 일을 할 수 *있어야* 한다는 거예요. 하지만 그럴 수 있을까요?

제4장
우리를 가로막는 장애물

세계는 기후 위기와 맞서는 데 필요한
지식과 기술을 모두 다 가지고 있어요.
하지만 적극적인 대응이 생각만큼 빠르게
일어나고 있지는 않아요. 왜 그런 걸까요?

꼬리에 꼬리를 무는 문제

문제를 해결할 방법을 생각해 냈더라도,
그 해결책을 실행에 옮기는 일이 항상 쉬운 것은 아니에요.

예를 들어, 이 문제를 생각해 보세요.

문제 자체만 보면 그다지 심각하지는 않아요.
하지만 대니는 해결에 어려움을 겪고 있어요.

내 스케이트보드의 바퀴가 하나 빠졌어. 다시 붙여야 해.

여기에 맞는 드라이버가 없어.

드라이버를 살 돈도 없어.

어떻게 해야 할지 방법을 모르겠어.

벤 오빠한테 도와달라고 하고 싶은데, 오빠는 집에 없어.

문제투성이야. 어휴, 포기할래.

가장 큰 문제는 네 태도야, 대니. 그걸 고치면 나머지도 고칠 수 있어!

대니는 애초의 문제, 즉 스케이트보드가
망가진 걸 고치려면 그에 앞서서 *다른 문제*들을
먼저 해결해야 할 거예요.
예를 들면, 친구네 집에 알맞은 드라이버가 있는지
물어볼 수도 있고, 스케이트보드를 수리점에
맡길 수 있게 부모님에게 돈을 빌려 달라고
할 수도 있어요.

기후 위기에는 여러 가지 문제가 복잡하게 얽혀 있어요. 실타래처럼 얽힌 문제를 푸는 데는
여러 가지 방법이 있겠지만, 어쨌든 해결이 쉽지 않다는 게 증명되고 있어요.
왜냐하면 대니의 스케이트보드 수리처럼 다른 문제들이 끼어들어 방해를 하기 때문이죠.

> 세계 인구는 계속 늘고 있어.
> 이 많은 사람이 다 잘살 수 있게
> 에너지를 충분히
> 공급해 주어야 해요.

> 기후 변화도 중요하지만
> 지금은 전염병이 전 세계를
> 휩쓸고 있어요. 전염병 문제를
> 먼저 해결해야 해요!

4장에서는 이런 '다른 문제들'을
살펴볼 거예요. 그중 어떤 문제는
해결을 해야겠지만, 또 다른
문제들은 달게 받아들이거나
피하는 수밖에 없을 거예요.

이 '다른 문제들'이 무엇이고 그중 무엇이 중요한지에 대해서도 사람마다 의견이 달라요.

> *진짜* 문제는 돈 많고 오염을 일으키는
> 많은 기업이 돈 버는 일만 신경 쓰고
> 지구는 신경 쓰지 않는다는 거예요.

> 아니에요! 그 회사들은 사람들에게 일자리를 줘요.
> 진짜 문제는 정부가 올바른 규칙을 만들지 않는 거예요.
> 정부는 기업이 환경을 보호하도록
> 강력한 법을 만들어야 해요.

> 아니, 아니에요! 진짜 문제는 사람들이죠.
> 우리 모두는 화석 연료가 가져다주는 것들을 좋아해요.
> 그러니까 기업과 정부가 그렇게 하는 거죠.

이 세 사람의 의견은 누가 옳고 누가 그른 것이 아니라, 그저 다를 뿐이에요.
하지만 한 가지만은 분명해요. 우리가 위기를 해결하려면,
의견이 다른 사람들과 협력할 수 있어야 한다는 거예요.

배출하는 사람, 고통받는 사람

기후 변화로 가장 심하게 타격을 받는 사람들 중 많은 수가 가난하고 힘없는 이들이에요.
사실 그 사람들에게는 이 위기를 만든 책임이 별로 없어요.
또한 가장 고통을 받으면서도 중대한 결정에 대한 발언권은 없어요.

어린이와 청소년

미래에는 오늘날의 어린이와 청소년들이 지금 어른들이 만들어 내고 있는 문제들 때문에 타격을 받을 거예요.

어른들은 대부분 고작 몇 년 앞만 걱정해요. 우리가 책임질 50년 뒤는 생각하지 않아요.

여성

세계의 많은 지역에서 여성은 남성과 같은 권리를 누리지 못해요. 임금도 적게 받고, 기회도 적어요. 그래서 살기 힘든 환경이나 자연재해에 잘 대응하기 어려워요. 특히 아이들을 키워야 하는 경우에는 더욱 그렇지요.

나는 의사가 되고 싶었지만, 열세 살 때 학교를 그만둬야 했어. 지금은 직업이 없으니 가족을 부양하는 일이 너무 힘들어. 폭염이 닥쳐서 텃밭의 토양이 다 말라 버렸으니 큰일이야.

빈곤 지역

전 세계적으로 빈곤 지역은 도로나 건물, 수도관 같은 생활 시설이 부실해요. 폭염, 가뭄, 홍수가 닥치면 큰 피해를 입을 수밖에 없지요. 가장 좋은 치료 방법이나 보호 능력이 없는 나라에 새로운 질병이 퍼지면 엄청난 재난이 될 수 있어요. 다음과 같은 예를 상상해 보았어요.

모기가 몰도바에 새로운 질병을 옮겼어요. 병원이 꽉 차서 치료를 못 받는 사람들도 있어요!

좀 더 공정하게 하려면

기후 변화는 불공정하게 나타나지만, 모두에게 공정하게 되어야 한다는 생각을 **기후 정의**라고 해요.
기후 정의를 이루는 방법에 대해서도 아주 다양한 아이디어가 있어요.

모두를 참여시켜요

많은 의견을 포함하는 한 가지 방법으로, 중요한 문제를 논의할 때 다양한 연령과 출신의 사람들을 참여시킬 수 있어요. 그다음에 어떤 일을 해야 한다고 생각하는지 정부에 알려요. 이와 같은 사람들의 모임을 종종 **시민 의회**라고 불러요.

대니 생각은 어때요?

사람들을 교육해요

여성들이 학교 교육을 충분히 받을 수 있도록 원칙을 정하면, 여학생들도 학교를 더 길게 다니면서 앞날에 필요한 기술을 익히고 더 많은 기회를 얻을 수 있어요.

나는 의사예요! 엄마의 어렸을 때 꿈이 의사였죠.

이제 딸이 나와 우리 손자를 부양할 수 있어요.

부와 기술을 나누어요

오염을 일으키는 부유한 나라들이 빈곤한 나라에 돈을 주어서 변화에 적응할 수 있게 도와야 한다고 생각하는 사람이 많아요. 신기술을 공짜로 나눠 줄 수도 있어요. 기후 친화적인 첨단 기술은 대개 연구비를 많이 댈 수 있는 나라들에서 개발되어요.

한국 과학자들이 치료제를 발견했대. 여기도 좀 보내 줬으면.

왱왱

경제 성장

나라가 부유해질 때 흔히 경제가 성장한다고 말해요.
성장은 좋은 일이에요. 빈곤을 줄이고 사람들의 건강을 지킬 수 있으니까요.
하지만 이제 경제가 성장하는 *방법*에도 신경을 써야 해요.

경제는 한 나라의 사람들이 자신들이 구할 수 있는 재료로 물건을 만들어 파는 활동과,
서로에게 서비스를 제공하는 활동으로 이루어져요.

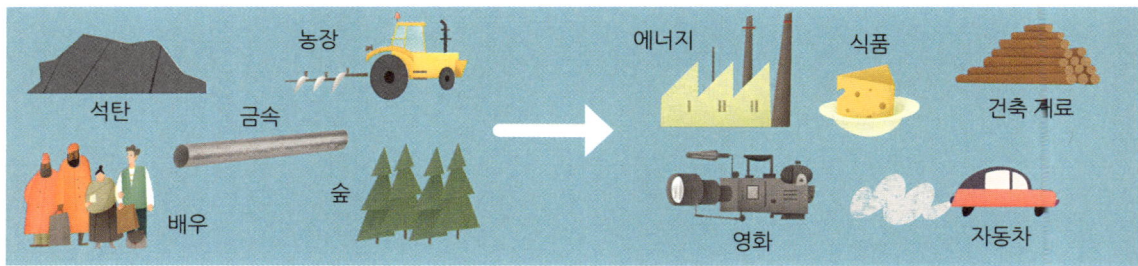

사람들이 더 많이 생산하고 더 많이 사고팔면 경제가 성장해요. 지난 150년 동안 전 세계 모든 나라의 경제가 성장했는데, 어떤 나라는 더 많이 성장했어요. 경제가 성장하면 생활 수준도 크게 올라가니까, 경제 성장이 멈추기를 바라는 사람은 거의 없어요.

행복한 결합?

대체로 경제가 성장하면 그 나라가 사용하는 에너지의 양도 많아져요.
지난 100여 년 동안에는 주로 화석 연료에서 에너지를 얻었어요.
경제학자들은 경제 성장과 화석 연료가 짝꿍처럼 **결합**되어 있다고 말해요.

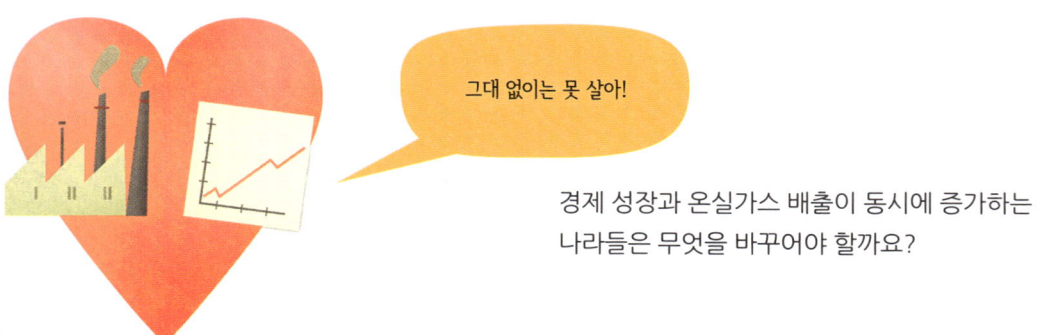

경제 성장과 온실가스 배출이 동시에 증가하는
나라들은 무엇을 바꾸어야 할까요?

분리

어떤 사람들은 지구를 보호하려면 성장을 멈추어야 한다고 주장해요.
하지만 대부분의 연구에서는 탄소 배출을 줄이면서도
성장을 계속할 수 있다고 이야기해요.
이것을 성장과 탄소 배출의 **분리**라고 해요.
어떻게 분리할 수 있을지 다양한 아이디어를 살펴보세요.

청정에너지를 *값싸게* 만들어서
사람들이 화석 연료보다 청정에너지를 더 많이
선택하게 하면, 에너지를 많이 사용해도
지구에 큰 해를 끼치지는 않을 거예요.

특히 부유한 나라의 사람들은
신제품 구입을 정말로 좋아하죠.
제품을 생산할 때는 늘 온실가스를 배출해요.
이제는 새로운 물건을 자꾸 사는 것보다
소박한 즐거움을 더 소중히 여겨야 하지 않을까요?

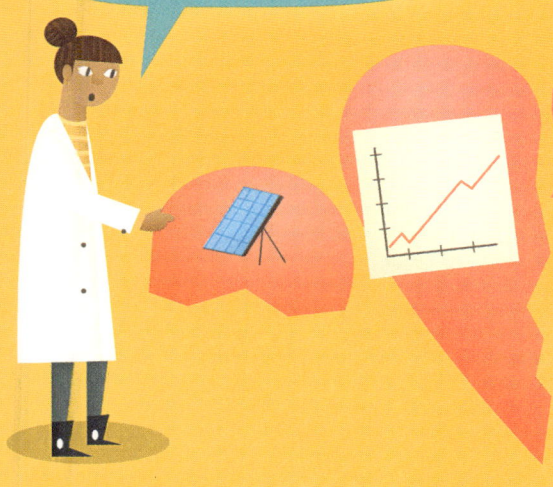

우리가 성장을 측정하는 방법은 보통
'그 나라에서 해마다 생산하는 모든 것의 총 가치'예요.
그 측정 방법을 바꾸면 어떨까요?

사람들이 얼마나 행복한지,
우리의 경제 활동이 얼마나 지구를 해치는지도
함께 측정하면, 성장이 그만한 가치가 있는지
좀 더 잘 알 수 있지 않을까요?

이 장에서 많은 아이디어에 대해서 토론을 벌인 것처럼, 우리가 앞으로 해야 할 일들에 대해서도
열띤 논쟁이 일어나고 있어요. 성장에 대한 토론은 매우 중요해요.
세계 경제의 성장 방식은 기후 위기 해결에 큰 영향을 미치기 때문이에요.

협력하기

우리는 수십 년 전부터 지구 온난화를 알고 있었어요.
게다가 과학적인 연구와 확실한 데이터뿐만 아니라 실제 피해들이
경고를 보내 오고 있는데도, 아직까지 어떻게 할지 합의를 하지 못하고 있어요.
다 함께 협력하는 일이 왜 그렇게 어려울까요?

1992년, 세계 각국은 처음으로 기후 문제를 해결하기 위해 함께 노력하자고 합의했어요. 하지만 그 이후 전 세계 배출량은 50퍼센트가 늘었지요. 2015년 파리 협정에서 세운 목표에 맞추려면 배출량을 2030년까지 매년 7퍼센트씩 *줄여야* 해요.

그런데 미국은 2017년에 파리 협정 탈퇴를 발표하고 2020년 말까지 떠나 있었어요. 배출량 기록이 시작된 때로부터 미국은 다른 어떤 나라보다 많은 온실가스를 배출해 왔는데 말이에요.

함께 나누어 쓰는 '공유'는 어려워

사실 문제는 사람들이 무언가를 서로 나누어 쓰는 걸 잘하지 못한다는 거예요. 심지어 그게 좋은 생각이라는 걸 알 때도 마찬가지예요.

사람들은 남들과 공유하는 물건은 빠른 속도로 써 버려요. 자신의 선택이 다른 사람에게 어떤 영향을 줄지 아랑곳하지 않고 이기적으로 행동하기 때문이에요.

교통 체증을 생각해 보세요. 많은 사람이 버스를 타는 것보다 자가용으로 출근하는 것이 더 빠르고 편하다고 생각하죠.

하지만 자가용을 타고 나오는 사람이 많아질수록 도로는 비좁아지고 교통 체증은 심해져요.

모든 사람이 *저마다* 합리적이라고 생각해서 결정을 내렸는데도, 결국엔 모두에게 나쁜 결과가 돼요.

기후는 모든 나라가 공유해요. 각 나라의 정부는 온실가스 배출량을 줄여야 한다는 사실을 알고 있어요. 하지만 각자 비용의 일부만을 낼 때는(또한 남들은 불공정하게 행동할 거라고 걱정할 때는) 이기적으로 행동하고픈 유혹을 받아요. 그러면 어떻게 해야 할까요?

미국의 경제학자 엘리너 오스트롬은, 수십 년 동안 어떤 자원을 다 써서 없애 버리지 않고 성공적으로 잘 공유한 집단을 연구했어요.

오스트롬은 협력이 잘되려면, 참여자 모두가 서로에 대해, 그리고 자신들이 합의한 규칙에 대해 잘 알고 신뢰해야 한다고 결론 내렸어요. 친밀한 공동체처럼 행동해야 한다는 거예요.

하지만 어떻게 세계가 하나의 큰 공동체가 될 수 있을까요?

그건 아주 어려운 일이에요! 하지만 훨씬 작은 수준의 협력은 살펴볼 수 있어요. 도시는 다른 도시와, 기업은 다른 기업과 협력할 수 있어요. 심지어 한 동네는 다른 동네와 협력할 수 있죠.

사람들이 서로 대화하고, 서로 잘 알게 되고, 서로 공정하게 행동한다고 믿으면, 협력도 잘 작동할 수 있어요.

← 엘리너 오스트롬

북아메리카 대륙의 도시 스무 곳은 2030년까지 에너지 발자국과 배출량을 반으로 줄이기로 약속했어요.

배출량을 줄이는 일을 빠르고 효과적으로 실행하려면 사회의 모든 분야에서 준비를 해야 해요. 정부가 올바른 결정을 내릴 때까지 기다리고만 있으면 안 돼요.

우리 두뇌의 문제

인간이 왜 기후 위기에 제대로 대처하지 못하는지에 대해 심리학적인 설명을 할 수도 있어요. 인간은 두뇌가 가진 사고방식의 어떤 특성들 때문에 기후 위기 같은 문제를 제대로 *신경 쓰기*가 어렵다는 거예요.

우리 두뇌는 시간 계산에 약해요

사람들은 장기적인 이익보다 단기적인 이익을 더 좋아해요.

오늘 2만 원을 줄까, 아니면 5년 뒤에 10만 원을 줄까?

당연히 지금 2만 원이지!

사람들은 아무리 이익이 크다 해도 먼 미래에 생기는 건 싫어해요. 기후 변화 문제에 잘 대처했을 때 생기는 보상은 대개 바로 얻어지는 게 아니기 때문에, 사람들의 마음을 움직이기 어려워요.

우리 두뇌는 지나치게 낙관적이에요

사람들은 자신에게 좋은 일이 일어날 확률은 실제보다 더 크게 평가하고, 나쁜 일이 일어날 확률은 실제보다 더 작게 평가해요.

이렇게 폭풍우가 몰아치는데 로또를 사러 가야 할까?

당연하지!

로또에 당첨될 확률보다 벼락에 맞을 확률이 훨씬 높아요.

우리 두뇌는 불편한 사실을 외면해요

자신의 행동이 세계적인 재난에 부분적으로 책임이 있을 거라고 생각하고 싶은 사람은 없어요. 그냥 외면하거나 부정하는 편이 훨씬 쉬워요.

뭐? 햄버거 하나 더 먹는다고 큰일 안 나!

우리 두뇌는 먼일에 약해요

먼 곳에서 벌어지는 일은 그다지 걱정스럽지 않아요.

이런! 73번 버스 운행이 중단됐어.

어스본 신문
북극의 얼음이 거의 사라지다!

세계적인 문제는 지역 소식만큼 마음에 와닿지 않아요.

전문가들은 기후 위기를 말할 때 종종 북극의 빙원이나
북극곰에게 끔찍한 일이 일어날 거라고 경고해요.
그런데 오염을 많이 일으키는 부유한 나라 사람들은 대체로 그 근처에 살지 않아요.
북극곰에게 일어나는 문제가 우리 모두의 문제라는 것을 이해하기는 쉽지 않아요.

우리 두뇌는 큰 숫자에 약해요

큰 숫자는 실감이 나지 않을 때가 많아요. '수백만 명'이 살 곳을 잃는다거나
이산화탄소 '수십억 톤'이 배출된다는 게 실제로 무엇을 뜻하는지 제대로 알려면
엄청난 노력이 필요해요.

사람들은 흔히 수많은 사람이 고통을 겪는 이야기보다
유명인 한 사람에게 벌어진 불행 이야기에 더 관심을 기울여요.

우리가 왜 이렇게 많은 돈을 난민들에게 주는 겁니까?

세상에, 영화 배우 톰 행크스가 코로나 바이러스에 걸렸대. 안됐다.

2020년에 코로나 바이러스의 세계적인 대유행이 일어나자, 전 세계는 즉각 대응에 나섰어요.
그와 달리, 기후 위기는 몹시 심각한 위협인데도 이를 막으려는 노력은 부족해요.
너무 거대하고, 복잡하고, *비교적 멀리 떨어져 있다*는 등의 이유로,
우리 두뇌가 그 위험을 제대로 이해하지 못하는 거예요.

우리의 습관

기후 위기가 문제라는 걸 인식해도, 사람들은 자신의 행동 방식을 쉽게 바꾸지 못해요.
예를 들어, 자동차를 타고 다니는 사람에게 자전거가 생긴다면
곧바로 자동차를 타지 않고 자전거를 타고 다닐까요?

변화를 가로막는 가장 큰 장애물은 어쩌면 아예 변화의 기회조차 갖지 못하는 것일 수도 있어요.

> 나도 자전거로 학교에 가고 싶은데, 우리 동네는 자동차가 너무 많아서 위험해.

하지만 변화의 기회가 있는데도 그것을 선택하지 않는 경우도 있어요.
우리 두뇌가 **심리적 장벽**을 만들어 변화를 방해하기 때문이에요.
다음의 예를 살펴보세요.

새 자전거 길 개통!
자전거 출퇴근,
자전거 등하교로
지구를 구합시다.

다른 사람과 비교해요

우리는 주변 사람의 영향을 크게 받아요. 마치 양 떼처럼 사람들도 무리를 따라 행동할 때가 많아요.

> 내 친구들 중에는 자전거를 타고 학교에 오는 애가 없어. 친구들한테 이상한 애로 보이기 싫어.

매애애

변화는 위험하다고 느껴요

자신에게 불리한 일이나 위험이 생길 것 같으면
사람들은 행동을 쉽게 바꾸지 못해요.
건강이나 돈, 명예 등 무언가를 잃을 가능성이 있으면
잘 변하려고 하지 않아요.

이크, 근데 자전거를 타다가 넘어지면 어떡해?

편안한 걸 좋아해요

변화가 불편하거나, 변화하는 데 많은 노력이
필요하다고 느끼면 변화하는 게 더 어려워요.
편안한 생활 방식에 익숙한 사람들은
자기 이익을 희생하는 게 쉽지 않아요.

뭐, 자전거? 자동차가 훨씬 편해.

습관은 고치기 어려워요

지구를 살리기 위한 변화는 한 번으로 끝나서는
안 돼요. 자전거를 한 번 타고 출근하거나
일주일 동안 고기를 덜 먹는 것으로는
별다른 변화가 일어나지 않아요.
새로운 행동을 오랫동안 계속하는 것이 중요해요.

아, 포기할래요.

포기하지 마! 넌 할 수 있어!

이러한 심리적 장벽을 잘 안다면, 자신의 습관을 바꾸고 다른 사람들을 격려할 수 있는 좀 더 좋은 방법을
찾을 수 있어요. 재활용을 했을 때 돈을 주는 것보다는, 눈에 잘 띄는 재활용 쓰레기통을 두는 게
습관 형성에 더 도움이 된다는 연구도 있어요. 요란한 쓰레기통을 볼 때마다 재활용을 떠올리게 되므로,
자연스럽게 매일 재활용을 하게 된다는 거예요.

뜻밖의 결과

사람들이 기후 위기를 해결하기 위해 노력하는데도,
아무런 소용이 없거나 오히려 상황이 *더 나빠지*는 경우도 있어요.

좋은 의도로 시작했지만 뜻하지 않게 부정적인 결과를 불러온 예를 한 가지 들어 볼게요. 레지나는 자동차 대신 자전거를 타고 출퇴근을 하기 시작했어요.

아주 잘한 결정이죠! 레지나는 자전거를 타서 에너지를 이만큼 절약해요.

하지만 이렇게 절약한 게 어떤 식으로 낭비될 수 있는지 살펴보세요.

레지나는 자동차 연료비를 절약했어요. 하지만 이렇게 절약한 돈으로 탄소 발자국이 높은 새 운동복을 샀어요.

절약한 에너지 중 사용량 = $\frac{1}{4}$

이제 레지나의 출근 시간이 짧아졌어요. 레지나는 자전거를 타고 온 뒤 남는 시간을 이용해 샤워를 해요. 하지만 이때도 에너지를 써요.

절약한 에너지 중 사용량 = $\frac{1}{8}$

자신이 기후 위기 해결에 참여했다는 사실에 만족한 레지나는 비행기를 타고 사촌 집에 놀러 갔어요.

이 일은 레지나가 절약한 에너지의 *수천 배*를 사용해요.

이처럼 한 가지 습관을 바꿔서 에너지를 절약하더라도, 생활이 다르게 변하면서 절약의 효과를 없애 버리는 일을 **반동 효과**라고 해요.

반동 효과의 또 다른 예를 살펴보세요.
오늘날 우리가 쓰는 기계의 *에너지* 효율은 점점 높아지는데,
사람과 기업의 *에너지* 사용은 계속 늘어나요. 왜 그럴까요?

어떤 기계가 전보다 에너지를 덜 사용한다고 하면 사람들은 그 기계를 더 많이 쓰고 싶어 해요.
에너지 효율을 개선해 비용이 낮아지면, 절약한 만큼 그 기계를 더 많이 쓰는 거죠.

노르웨이의 한 연구에 따르면,
사람들이 집에 에너지 효율이 높은
난방 장치를 설치하면 난방을
더 많이 한다는 것이 밝혀졌어요.
절약한 에너지를 고스란히
날리는 셈이죠.

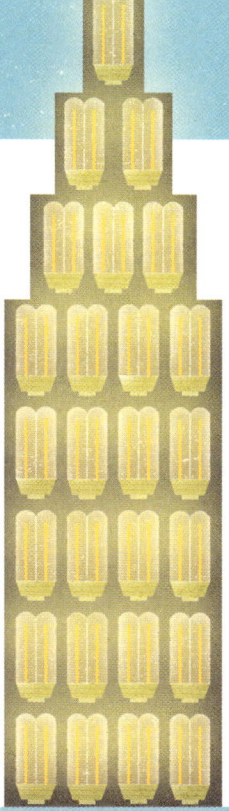

시카고에서 과학자들은 구식 전구를
에너지 효율이 높은 전구로 바꾼
고층 건물을 연구했어요. 그 건물의
사람들은 새로운 전구를 쓰게 되자,
전구를 훨씬 더 많이 설치했어요.
그래서 안타깝게도 그 고층 건물의
에너지 사용량은 여전히 변함이
없었어요.

때로는 에너지 효율을 아주 크게
개선함으로써, 온 나라가 에너지를
더 많이 사용하게 만들기도 해요.

도로를 포장하면 자동차의 연료를 아낄 수 있어요.
먼 거리가 좀 더 가깝게 느껴지지요.
그러면 많은 사람이 도심을 벗어나 교외 지역에
집을 마련하고, 자동차로 먼 거리를 이동해
출근하거나 장을 보러 다니는 등
에너지를 많이 쓰게 돼요.

정말 속상해요!
나는 자전거를 타는 게
좋은 일인 줄 알았어요!

좋은 일이에요! 그러니까 계속해야죠.
하지만 절약한 게 낭비되지 않게
조심할 필요가 있어요. 힘들게 이룬 걸
의미 없이 날려 버리면 안 되니까요.

다양한 의견

기후 위기에 대해서 사람들의 의견은 아주 *다양*해요.
의견이 일치하지 않으면, 변화는 더디고 어려워져요.
나라 안에서 서로 의견이 다른 문제를 해결하기 위한 제도를 **정치**라고 해요.

토론 1. 다른 문제들은 어떤가요?

정치인들은 **토론**을 통해 문제를 해결해요.
예를 들어, 어떤 문제를 가장 먼저 해결해야 하는가 하는 문제도 토론 주제예요.

하지만 총리님, 탄소세가 얼마나 중요한지 모르시나요?

잘 압니다. 그러나 교육, 보건 정책, 실업자와 난민 돕기, 시민 안전도 중요해요. 그걸 먼저 해결해야 합니다.

토론 2. 그러면 어떻게 해야 하나요?

사람들이 기후 위기를 극복하기 위해 제안하는 방법들을 보면,
그 의견을 내는 사람의 기본적인 가치관을 그대로 반영할 때가 많아요.

어떤 사람들은 정부가 세금을 많이 걷어야 한다고 생각해요. 그래서 기후 위기도 세금이 해결책이라고 주장해요.

또 어떤 사람들은 세금을 줄이는 데 찬성하기 때문에, 기후 위기 문제도 그 방법으로 풀 수 있다고 생각해요.

생각하는 우선 순위가 완전히 다른 사람들도 있어요.

석유 회사에 세금을 높게 매겨서 문을 닫게 하면, 온실가스 배출이 멈출 거예요.

멍청한 소리! 기업에 세금을 잔뜩 매기면 기업들이 신기술을 개발하지 못해요.

동물에게도 사람과 똑같은 권리를 인정하면, 모든 사람이 이 세상을 더 잘 돌보게 될 거예요.

토론 3. 사람들을 설득하려면?

기후 위기의 심각성과 우리가 해야 할 일에 대해서는 생각이 일치해도,
다른 사람들을 어떻게 설득하고 관심을 끌 것인지에 대해서는 생각이 다를 수 있어요.

토론 4. 도와줄 필요가 있기는 한가요?

어떤 지도자들은 자기 나라가 지구 기후를 위해서 변화하거나 희생할 이유가 없다고 생각해요.
또 국제 사회의 지시를 받는 것도 싫어한답니다.

큰 비용, 큰 수익

미래를 희생해서 *현재*의 이익을 추구하는 것은, 일부 정치가들만 하는 일이 아니에요. 기업이나 보통 사람들도 마찬가지지요. 대형 석유 회사들은 오랫동안 기후 위기가 심각한 문제라는 것을 부정했어요. 기후 위기를 인정하면 거기에 책임이 있는 자신들이 비용을 내야 하기 때문이죠.

1950년대부터 이미 화석 연료를 태울 때 나오는 이산화탄소가 지구의 기온을 높일 거라는 걸 알아차린 사람들이 있었어요.

과학자들은 더욱 자세히 연구해서 이것이 큰 피해를 낳을 수 있으며, 긴급한 조치가 필요하다는 것을 밝혀냈어요.

석유 회사들은 돈벌이가 아주 잘되었기 때문에 사업 방식을 바꿀 생각이 없었어요. 오히려 그 회사들은 기후 위기에 대한 의심을 퍼뜨리거나, 기후 변화가 문제가 안 된다는 식의 연구와 광고에 돈을 댔어요.

석유 회사들은 정치가들에게도 돈을 주어서 선거에서 당선될 수 있게 도왔어요. 그렇게 해서 당선된 정치가들은 석유 회사의 후원에 보답하기 위해 화석 연료 사용을 줄이는 법에 반대했어요.

이처럼 어떤 기업이나 사람들이 정부가 무슨 일을 하도록 설득하는 일을 **로비**라고 하는데, 나라에 따라 합법적인 활동일 때가 많아요. 한국처럼 로비를 금지하는 나라도 다른 방법으로 정부에 의견을 낼 수 있어요.

이런 일을 보면서 석유 회사들을 비난하는 건 쉬워요. 그러나 사실 우리는 모두
지구의 미래보다 눈앞의 수익과 값싼 에너지를 앞세우는 이 사회의 일부를 이루고 있어요.

석유 회사들은 여전히 화석 연료를
공급해서 많은 수익을 올리고 있어요.
그 수익은 경제 성장으로 계산되지요.
성장을 중시하는 사람이라면,
석유 회사에게 이제 청정에너지 생산으로
바꾸어야 한다고 말하기 힘들 거예요.
그렇게 되면 지금처럼 돈을
잘 벌 수 없을 테니까요.

하지만 그렇지 않을 수도 있어요.
정부가 보상 방법을 바꾸면, 땅속의 화석 연료는
놔두고 청정에너지를 만드는 것이
더 매력적이고 더 값싼 방법이 될 수도 있어요.

그리고 면 우리 스스로 이런 변화를 만들 수 있는
정치인들에게 투표할 수 있어요.
이는 에너지뿐만 아니라 경제와 우리 생활의
모든 영역에 적용할 수 있어요.

이것은 우리가 중대한 질문을 해야 한다는 뜻이에요.
우리가 정말로 변할 수 있을까? 변할 수 있다면 어떻게 되기를 바랄까?
우리에게 가장 좋은 정치, 경제, 사회 제도는 어떤 것일까? 하는 질문들이에요.

가치관이 어떻게 힘이 될까요?

사람들이 무엇을 중요하게 여기는가 하는 관점을 **가치관**이라고 해요.
가치관은 우리가 지구를 대하고 서로를 대하는 방식을 결정해요.
여러분은 우리가 어떤 가치를 지켜야 한다고 생각하나요?
그리고 무엇을 바꾸어야 할까요?

내 가치관을 어떻게 알아내죠?

스스로 몇 가지 질문을 해 보는 방법도 있어요. 이건 어때요? 만약 지구가 말을 할 수 있다면 뭐라고 할 것 같아요?

이런 질문에는 정해진 답이 없어요. 자신이 가장 높은 가치를 두는 것이 무엇인지에 대해 다른 사람들과 이야기를 나누고 스스로 생각해 보는 것도 좋은 방법이에요.
가치관이 궁금할 때 생각해 볼 만한 몇 가지 질문들을 살펴보세요.

자연의 일에 개입해도 괜찮을까? 아니면 공연히 망가뜨리지 말고 그냥 두는 게 옳을까?

자연은 연약해서 우리가 보호해야 하는 존재일까? 아니면 강한 존재여서 우리가 자연의 보호를 받아야 할까?

우리는 지구와 어떤 관계가 있을까?

미래에 우리 도시는 어떤 모습이 되어야 할까?

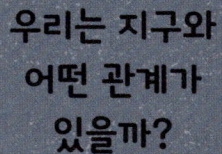

동물의 권리를 보장해야 할까? 바다와 숲은 어떤가?

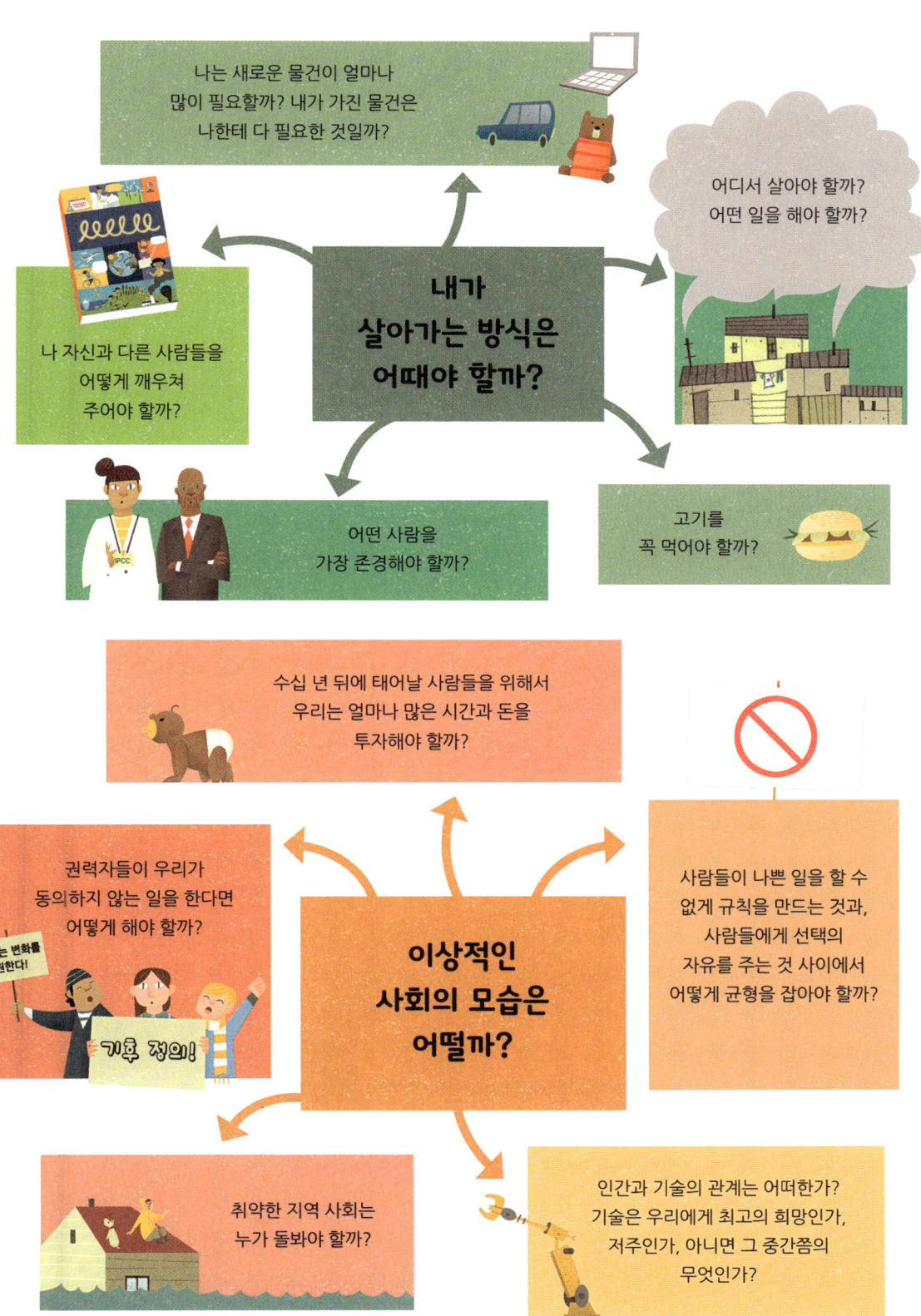

제5장
'나'는 무엇을 할 수 있을까요?

기후 위기에 대해 모든 이야기를 들었으니,
이제 많은 정보를 알게 되었어요.
하지만 이런 정보를 어떻게 사용할 수 있을까요?
5장에서는 개인으로서 *나 자신*의 실행 계획을
세울 수 있는 방법을 알려 줄 거예요.

사람은 누구나 변화를 힘들어해요. 변화의 첫걸음은
차분한 마음으로 긍정적인 변화를 만들겠다고 결심하는 거예요.
'좋아요!' 이는 여러분이 모든 사람의 더 나은 미래를 위해
노력할 거라는 뜻이에요.

좋아! 이제 풍력발전기 1,000대를 어디에 세울까?

실현 가능한 목표

변화를 만들려면 어떤 일을 시작하기 전에 이 점을 꼭 기억해요.
한 사람이 할 수 있는 일에는 한계가 있다는 것 말이에요.
거대하고 대단한 목표보다는 자신이 성취할 수 있는 목표를 정하는 것이 좋아요.

여러분이 이 책에서 본 해결책은 *거창한* 게 많지만,
개인이 할 수 있는 일은 대개 시작부터 끝까지 내내 사소할 때가 더 많아요.
개인이 할 수 있는 일의 종류는 저마다의 형편에 따라 달라요.

나이에 따라

이 장에서는 나이와 상관없이 누구나 할 수 있는 일에 대한 아이디어를 많이 찾을 수 있을 거예요.

자신이 있는 곳에 따라

여러분이 가장 많은 시간을
보내는 곳은 어디인가요?
바로 그곳이 변화를 시작하기에
가장 좋은 곳이에요.

우리는 *집에서* 지구를 어떻게
도울 수 있을지 계획을 짜자.

책장을 넘기면, 집에서 할 수 있는
일에 대해 몇 가지 아이디어를
볼 수 있을 거예요.

가진 힘에 따라

어떤 사람들은 지구를 위해 큰 변화를 만들 수 있는 직업을 갖고 있어요.

나는 정치가로서,
화석 연료 회사들의 세금을 올리고
청정에너지에 투자하도록
할 수 있어요!

내가 편지로
써 보낸 아이디어야.

그러므로 힘이 없는 보통 사람들은 힘 있는 사람이 행동에 나서도록 요구해야 해요.
정치인, 기업, 지역의 지도자들은 권력이 없는 사람들보다
기후의 미래에 대해 더 많은 책임을 져야 해요.

미래를 생각한다면
최대한 큰 꿈을 품어야겠지.
하지만 언제나 *지금 당장*
할 수 있는 작은 일들이 있어.

알아요!

그래도 언젠가는
내가 세금을 올릴 수
있을 거야.

집에서 할 수 있는 일

저마다 자기 집에서 가족의 탄소 발자국을 줄이기 위해 할 수 있는 일이 있어요.
여러분에게 집안일에 대한 최종 결정권이 없는 경우에도,
의견을 내고 스스로 할 수 있는 일을 실천하는 것은 충분히 가능해요.

특히 큰 효과를 낼 수 있는 선택은…

1. 가능한 한 비행기를 타지 않기
2. 가능한 한 자동차 없이 살기
3. 청정에너지를 선택하기
4. 고기를 적게 먹기

이런!

변화를 만들기로 마음먹었다면
결심한 것을 충실히 지켜야지.
분명한 목표를 세우면
훨씬 쉽게 실행할 수 있어.

나는 앞으로 비행기를 타지 않기로 결심했어.
탄소 발자국을 줄이기 위해
내가 할 수 있는 가장 큰일이야.

여행으로 발생하는 온실가스를 줄일 수 있는 현실적인 방법

- 기차, 버스, 자전거 또는 걸어서 갈 수 있다면 자가용을 이용하지 않는다.
- 집에서 휴식을 즐긴다.
- 휴가지를 가까운 곳으로 선택한다.
- 비행기 대신 기차를 탄다.
- 가능하다면 가족의 차를 전기차로 바꾸자고 설득한다.

나는 이제 고기를
일주일에 두 번밖에 안 먹어.
생각만큼 나쁘진 않아. 게다가
이 채식 버거도 아주 맛있어!

누리던 모든 것을 한꺼번에 포기할 필요는 없어요.
자신이 실행할 수 있는 목표를 정하세요.

여러분이 해야 할 일의 목록을 작성하는 것부터 시작하는 것도 아주 좋은 방법이에요.
대니와 벤이 냉장고에 붙여 놓은 목록을 살펴보세요.

그레타 만만세

지구를 생각하며 먹는다

- 탄소 발자국의 30퍼센트가 식생활 때문이라는 것을 잊지 않는다.
- 육류와 유제품을 줄인다. 인터넷을 검색해서 온실가스 배출량이 적은 다른 식품을 찾아본다.
- 조금 덜 사고, 먹을 만큼만 요리해서 음식물 쓰레기를 줄이고, 음식물 찌꺼기로 퇴비를 만든다.
- 가까운 지역에서 생산된 식품을 산다. 포장지를 꼼꼼히 확인해 식품이 어디서 오는지 알아본다.

소비를 줄이고 가진 것에 감사한다

- 책이나 옷은 중고로 사고, 나한테 필요 없는 물건은 나누어 준다.
- 물건을 살 때 항상 탄소 발자국을 생각한다. 혹시 먼 데서 온 물건이 아닐까?
- 꼭 필요한 것만 산다. 한 번 이상 사용할 수 있을까? 비슷한 것을 내가 이미 가지고 있는 건 아닐까?
- 이미 갖고 있는 물건을 소중하게 여기고, 최대한 잘 활용한다!

에너지 사용을 줄인다

- 전기가 필요 없는 활동을 늘린다. 책을 읽거나 보드게임을 하고, 친구들과 밖에서 논다.
- 우리 집 전등을 LED로 바꾸거나 집에 단열 처리를 할 수 있는지 알아본다.
- 전등을 끄고 난방을 줄인다. 추우면 스웨터를 입고 밤에는 플러그를 빼 둔다.
- 빨래할 때 물 온도를 낮게 설정하고, 건조기를 사용하는 대신 바람에 말린다. 욕조 목욕 대신 샤워를 한다.

**지구도 살리고
내 기분도 좋아지는 일을 한다**

- 마당에 나무를 심고, 벌레와 벌이 살 수 있게 조금은 자연 상태로 내버려 둔다.
- 망가진 물건은 새로 사지 않고 고쳐서 쓴다.
- 가능한 모든 물건을 재사용하거나 재활용한다.

이와 같은 일을 시작한다면, 개인의 탄소 배출량을 눈에 띄게 줄일 수 있어요.
우리에겐 낭비할 시간이 없어요. 여러분도 자신만의 목록을 지금 바로 작성해 보세요.

목소리 내기

어린이는 세상이 돌아가는 방식에 그다지 책임이 없어요.
하지만 누구든 사회에 대해 자기 목소리를 낼 수 있어요.
이러한 일을 **사회 운동**이라고 하고, 그 일을 하는 사람을 **활동가**라고 불러요.
여러분도 저마다 다양한 방식으로 활동가가 될 수 있어요.

등교 거부 또는 파업

파업은 흔히 사람들이 자신들의 주장을 펼치기 위해 일하기를 거부하는 것을 말해요. 학생이라면 수업을 거부하는 일이 되겠죠. 2018년에 스웨덴의 여학생 그레타 툰베리가 용감하게 나서서 학생들의 등교 거부를 이끌었어요.

> 나는 금요일에는 학교에 가는 대신 스웨덴 의회 앞에서 시위를 했죠. 세계 지도자들이 환경 보호를 위해 더 노력해야 한다고 주장했어요.

> 그 뒤로 세계 곳곳에서 수백만 명이 나와 한마음으로 등교 거부를 하고 또 일터에서는 파업을 했어요.

금요일은 등교 거부!

지역 활동

사회 운동이 언제나 전 세계의 관심을 끌어야만 성공하는 건 아니에요. 학교에서 또는 동네에서 하는 일도 훌륭한 성과를 낼 수 있어요. 케냐의 15세 소년 레세인 무툰케이는 스포츠 사랑과 숲 사랑을 결합한 방법을 생각해 냈어요.

> 나는 경기에 나가 골을 넣을 때마다 나무를 한 그루씩 심기로 약속했어요.

> 처음에는 나 혼자서만 했지만, 사람들이 좋아하자 우리 학교의 모든 운동부 선수들이 같이 하기로 했어요.

> 골인으로 **나무 심기** 운동을 펼치고 난 2년 뒤, 우리는 1,200그루가 넘는 나무를 심었어요. 여러분도 자신이 속한 팀에서 같은 일을 해 주세요.

서명 운동

어떤 변화를 이루고 싶은지에 대해 글을 쓰고, 거기에 찬성하는 사람들의 서명을 받아서 **많은** 사람이 같은 생각이라는 것을 보여 줄 수 있어요. 이런 것을 **청원**이라고 해요.
영국에서는 2019년에 엘라와 케이틀린 매큐언 자매가 작성한 청원이 큰 영향을 발휘했는데, 이때 자매의 나이는 9살, 7살이었어요.

우린 맥도널드나 버거킹 같은 패스트푸드 체인점에서 사은품으로 플라스틱 장난감을 주는 걸 봤어요.

플라스틱은 기후와 지구에 해로워요. 플라스틱을 만들 때 온실가스가 나오고, 플라스틱 쓰레기가 바다를 오염시켜요.

우린 패스트푸드 회사들에게 플라스틱 장난감을 만들지 말라는 청원을 작성했어요. 그 청원을 인터넷에 올리자 50만 명이 넘는 사람이 서명을 했어요. 이에 버거킹은 압력을 느끼고, 영국에서 어린이에게 사은품으로 플라스틱 장난감을 주지 않기로 했어요.

매큐언 자매처럼 여러분도 모두 활동가가 되어야 한다는 뜻은 아니에요.
하지만 이런 사례를 보면, 어린이도 친구나 어른들의 도움을 받아
얼마든지 변화를 일으킬 수 있다는 것을 알 수 있답니다. 청원 말고 다른 방법도 있어요.

나는 우리 지역 정치인에게 편지를 쓸 거야!

잭슨 의원님께

사람들이 우리 동네 치검 숲을 베어서 농지로 만들려고 해요.
농사지을 땅이 필요한 것은 알지만, 우리에게는 나무도 필요해요.
숲은 탄수 흡수원이에요.

제게 한 가지 좋은 생각이 있는데요….

자신이 살고 있는 지역에 불만이 있으면, 책임자에게 편지를 써서 무엇이 잘못되었는지 설명하고
더 나은 방법을 제안할 수 있어요. 이런 일이 늘 통하지는 않지만,
그래도 그 일에 대해 권한이 있는 사람에게 생각해 볼 기회를 줄 수 있을 거예요.

기후 위기에 대해 이야기하기

사람들과 기후 위기에 대해 이야기를 나누는 것은
여러분이 할 수 있는 매우 중요한 일 중 하나예요. 더 나은 미래를 위해
함께 노력하자고 다른 사람들을 설득하기에 아주 좋은 기회죠.
또한 이야기를 나누다 보면 그 사람들한테서 좋은 아이디어를 얻을 수도 있어요.

이야기를 시작할 때는 먼저, 친구와 가족들에게 여러분 자신의 온실가스 배출량 줄이기 계획을 말하는 게 좋아요.

여러분이 만들어 내는 변화를 기쁘게 생각하고, 긍정적인 태도를 잃지 마세요. 지구를 지키는 것은 즐거운 일이고, 모두가 함께 하면 더욱 즐거워요.

할아버지, 내 옷을 직접 수선하고 싶어요.
바느질하는 법 좀 가르쳐 주실 수 있나요?

채식 버거, 네 말대로더라.
아주 맛있어!

어디서 팔아?

다른 사람에게 이야기하는 것을 부끄러워하지 마세요. 얼마나 많은 사람이 여러분의 생각에 공감하는지 알고 나면 놀랄 수도 있어요.

게다가 더욱 좋은 일은, 여러분의 모범을 보고 다른 사람들이 목소리를 내게 된다는 거예요.
인간은 사회적 동물이에요.
어떤 일을 하는 사람이 많아지면
더 많은 사람이 그 일에 동참할 거예요.

사람들에게 정보를 전달할 때는
주의해야 해요. 그 정보가 최신 내용이고
정확한 건지 먼저 확인하세요.
사실을 과장해서 전달하면,
여러분 생각에 반대하는 사람들은
여러분이 하는 말을 더 이상
들으려고 하지 않을 거예요.

2019년 아마존강 유역에 큰불이 났을 때,
열대 우림이 불타는 강렬한 사진이
누리 소통망(SNS)에 널리 퍼졌어요.
하지만 그 사진은 다른 해에 일어난
다른 화재의 사진이었어요.
이런 실수는 사람들이 원래의 주장 자체를
비난하고 문제를 외면하게 만들어요.

기후 위기에 대해 나와 생각이 다른 사람을 만나면,
토론을 하거나 갖가지 사실을 알려 주는 방법이 잘 통하지 않을 때도 있어요.
사람들은 자기 의견이 반박을 당하면 화를 내고, 아예 귀를 닫아 버릴 때가 많아요.
아래에 대화를 좀 더 생산적으로 이끄는 방법을 실어 놓았어요.
'스마트 폴리틱스'라는 미국의 한 연구소에서 개발한 대화 전략이에요.

1. 질문하기

다른 사람이 여러분의 생각과 다른 의견을 냈을 때, 먼저 반박을 하기보다 그 사람들을 잘 이해하고 존중심을 전달할 수 있게 진실되고 호기심 어린 질문을 해요.

> 기후 변화라는 건 다 헛소리예요! 지구는 더워지고 있는 게 아니에요.

> 그래요? 왜 그렇게 생각하는지 이야기해 줄 수 있어요?

2. 듣기

그 사람들의 말을 잘 듣고 거기에 맞는 질문을 해요.

> 물론이죠. 기후 위기가 과장됐다고 말하는 과학자들이 아주 많다는 거 아세요?

> 그래서 의심을 하는 거군요. 당신이 사는 지역은 그동안 날씨가 어땠나요?

3. 들은 내용 요약하기

그 사람들이 하는 말을 요약해서, 여러분이 그들의 주장과 감정을 제대로 이해한다는 것을 보여 주세요.

> 전혀 더워지지 않았어요! 지난 두 번의 겨울은 내가 사는 동안 가장 추웠다니까요.

> 그러니까 당신은 그런 변화들이 기후 위기랑 아무 상관이 없다고 생각하는 거죠?

4. 동의하기

여러분의 생각과 일치하는 것을 골라서 그 내용에 대해 이야기해요.

> 맞아요. 그리고 기후가 변한다고 해도 그건 인간이 하는 일과는 전혀 상관없어요.

> 기후가 자연적으로 변화한다는 데 동의해요. 언제나 그래 왔으니까요.

5. 생각 전달하기

개인적인 경험을 이용해 여러분의 생각을 전달해요. 어쩌면 이제 그 사람들이 여러분이 하는 이야기를 들어 줄지도 몰라요.

> 뭐, 변화가 좀 있었을지도 모르지만, 그래도 그런 식으로 시위를 하는 건 너무 심해요.

> 저기, 내가 이 일에 관심을 갖게 된 계기는 말이에요….

믿어도 될까요?

기후 위기에 대해서는 뉴스나 인터넷 정보,
심지어 아는 사람과 나누는 대화도 우리를 헷갈리게 할 수 있어요.
사실 정보가 너무 많아서 무엇이 옳고 그른지 알기 어려워요.

과학자처럼 비판적으로 생각하기

이 문제를 해결하려면 우리가 어떤 정보를 접할 때마다
IPCC 과학자들처럼 질문을 해 보는 방법을 쓸 수 있어요.

이 기사를 봐. 2050년이면 열사병으로 십억 명이 죽을 거래.

헉! 근데 이거 사실이야?

어떤 정보에 대해 의문이 들면, 다음과 같은 질문을 해 보는 게 좋아요.

- 정보가 최신인가요? 언제 발표되었나요?
- 글쓴이가 어디서 그런 정보를 얻었는지 근거를 말하나요? 근거를 밝히지 않는다면 가짜일 수도 있어요.
- 글쓴이가 그 주제에 대한 전문가인가요? 전문가가 아니라면 잘못 말했을 수도 있어요.
- 글쓴이가 자신이 모르거나 확실하지 않은 부분을 밝히고 있나요? 미래에 대해 너무 자신 있게 말하는 것은 별로 좋은 신호가 아니에요.

정보가 정확하다고 생각하나요? 확신이 안 든다면 좀 더 알아보아야 할 거예요.

- 근거를 확인해요. 글쓴이가 인용하고 있는 내용은 올바르게 사용되었나요?
- 어떤 특정 사실이 어떻게, 왜 선택되었는지 생각해 보세요. 글쓴이가 어떤 이유로 우리에게 그 이야기를 할까요?
- 이 분야의 다른 전문가들도 이 정보에 동의하나요? 모두 같은 결과가 나왔나요?
- 누가 연구 비용을 댔는지 확인할 수 있을 때도 있어요. 글쓴이가 특정한 관점을 설득하려 하고 있나요?

나 자신은 믿을 수 있을까요?

우리는 어떤 것이 중요하다고 생각하면 그와 관련된 정보를 다른 것보다 더 쉽게 믿는 경향이 있어요. 그러니 언제나 열린 마음을 갖는 게 중요해요. 나하고 생각이 같은 사람들의 말이라고 덮어놓고 믿지도 말고, 반대쪽 사람들의 말이라고 무조건 무시해서도 안 돼요.

우리가 어떤 사람의 사고방식을 좋아한다고 해서 그 사람의 말이 항상 옳은 것은 아니에요. 자신과 생각이 다른 사람의 이야기도 진지하게 듣도록 노력해야 해요.

정보가 너무 많아요

기후 위기에 대해 너무 많은 걸 읽고, 듣고, 걱정하는 것은 건강에 해로워요. 인터넷 덕분에 우리는 언제라도 수많은 정보에 접근할 수 있지만, 그렇다고 해서 항상 신경을 쓰고 있어야 하는 건 아니에요.

건강한 정신

기후 위기 때문에 많은 사람이 걱정하거나 슬퍼하거나 분노해요.
이런 감정은 정상적이지만 즐겁지는 않지요. 그래서 기후 위기에 대해
공부하고 생각할 때는 스스로의 기분도 잘 살펴야 해요.
건강한 정신을 유지하는 건 중요한 일이에요.

사람들이 자주 느끼는 부정적인 감정과
그런 감정을 풀 수 있는 긍정적인 방법에 대해
몇 가지 예를 들어 볼게요.

슬프고 막막한 기분이야.
지구에 끔찍한 일이
너무 많이 벌어지고 있어.

정말 무서워.
인간은 멸종하게 될 거야.

맞아, 사실이야. 하지만 좋은 일들도 있어.
지금은 기후 문제를 해결하려고
노력하는 사람이 많다는 거야.
과거에 산성비 같은 환경 문제를
해결한 적도 있잖아.

아니야! 우리는 생존에 필요한 수단을 가졌어.
기후 위기 때문에 많은 사람이 어려움을 겪겠지만,
거의 모든 전문가가 인류가
멸종할 확률은 매우 드물다고 했어.

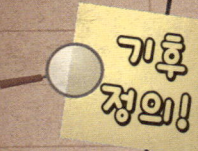

절망적이야.
나는 자전거로 통학하고
음식도 낭비하지 않지만,
위기는 여전해.

죄책감이 들어.
더 노력해야 하는데.

답답한 일이지만, 한 사람이 개인적으로 하는 행동이
온 세상을 바꾸지는 못해. 그래도 네 실천은 중요해.
그게 모여서 집단 노력이 되는 거니까. 많은 사람이
변하면 기후도 변할 거야. 그러니까 포기하지 마!

네가 할 수 있는 일에는 한계가 있어.
자신만 너무 다그치지 마.
정말로 큰 변화를 만들 수 있는 사람은
힘 있는 이들이라는 점을 잊으면 안 돼.

스스로를 잘 보살펴요

걱정, 슬픔, 분노가 느껴질 때 그런 감정을 약화시키거나 없앨 수 있는 방법이 있어요.
몸에 난 상처를 치료하는 것과 비슷해요. 심리학자들은 이런 치료를 **대처 전략**이라고 불러요.

벤은 기후 위기 때문에 걱정을 많이 해요.
여러분도 그런다면, 이런 대처 전략을 써 보세요.

생각을 행동으로 바꾸기

이 말은 두 가지 의미로 생각할 수 있어요.
자신이 즐거워하는 활동, 기후 위기와 상관없는
활동을 하면 불쾌한 생각을 떨칠 수 있어요.
걱정을 재밌는 활동으로 바꾸는 거죠.

두 번째는 걱정을 긍정적인 행동으로
옮기는 것을 뜻할 수도 있어요.
무언가 지구를 돕는 일을 해 보세요.
그러면 기분이 나아질 거예요.

현재에 집중하기

머릿속에 생각이 너무 많으면
주변의 일을 놓치기가 쉬워요.
잡념에 방해받지 않고 '지금, 여기'에
집중하게 해 주는 활동을 찾아보세요.*
이상하게 들릴지 모르지만, 현재의 순간에
초점을 맞추면 우리 두뇌에서는 흥분을
가라앉히는 화학 물질이 나온답니다.

이야기하기

가족과 친구에게 자신의 감정을 이야기하면,
혼자서 괴로워하지 않아도 돼요.

너무 걱정스러운 기분이 든다면,
여러분이 믿고 따르는 어른에게
이야기해 보세요. 지나친 걱정을
물리치는 방법을 함께
찾아 줄 수 있을 거예요.

불쌍한 벤, 나도 그 느낌 알아.
아주 괴롭지. 같이 꽃밭 가꿀까?
기분이 좋아질 거야.

휴우

* 현재에 집중하는 일을 '마음 챙김'이라고도 해요.
'어스본 바로가기(Usborne Quicklinks)'에 접속해서
mindful activities를 입력해 보세요.
마음 챙김을 위한 여러 활동을 찾아볼 수 있어요.

우리를 가로막는 것

여러분이 어떤 활동을 하는 데서 어려움을 겪고 있다면,
여기 나오는 질문과 정보를 이용해서 무엇이 여러분을 가로막는지 알아보세요.
그런 다음 책장을 넘겨서, 그에 대한 해결책들도 살펴보세요.

심리학자들에 따르면, 사람들이 새로운 활동에 참여하지 못하는 **장벽**에는 세 가지 유형이 있다고 해요.

그 활동에 필요한 기술이나 능력이 없는 것은 **역량의 장벽**이라고 해요. 두뇌가 걸림돌이 될 수도 있고…

…또는 신체가 걸림돌이 될 수도 있어요.

해야 할 일이나 그 일을 하는 방법을 자꾸 잊나요?

무언가를 들어 옮길 힘이 없나요?

그 일을 하는 방법을 아나요?

다쳤거나 몸이 아픈가요?

키가 너무 작아서 손이 닿지 않나요?

집중하기가 어려운가요?

무언가에 알레르기가 있나요?

결정을 내리기가 어려운가요?

음… 어떤 나무를 심을지 결정을 못 내리겠어.

자전거를 타거나 걸어서 출근하면 비염이 심해져서 말이야. 훌쩍.

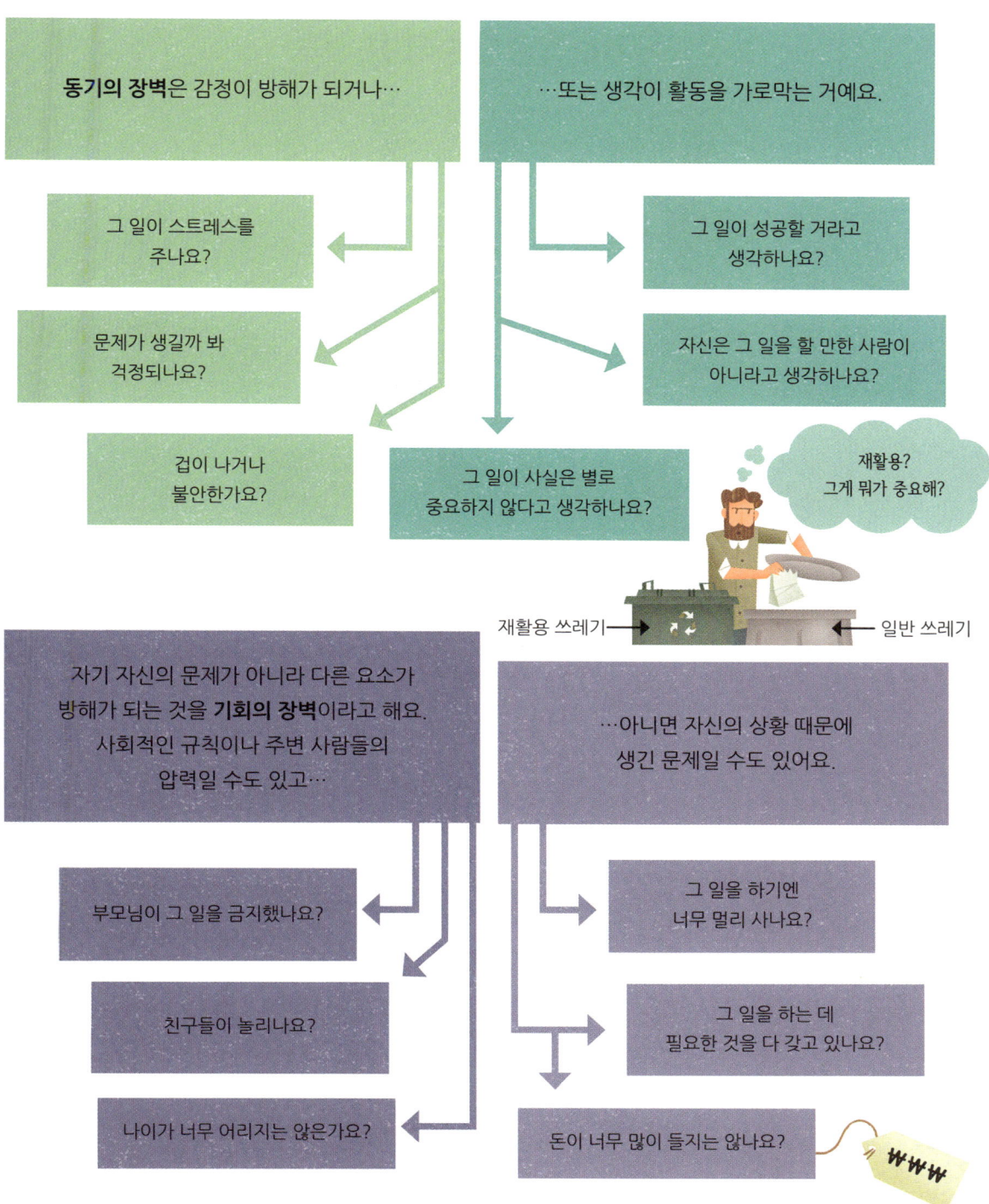

실제로 우리 행동을 가로막는 것은 이런 장벽들의 혼합인 경우가 많아요.
예를 들어, 경제학자인 에노페의 비염 문제를 보면, 알레르기가 문제(역량의 장벽)라고 할 수도 있고,
꽃가루가 문제(기회의 장벽)라고 할 수도 있어요.
두 가지 문제를 다 해결할 수 있는 방법을 찾으면, 걸어서 출근하는 일이 훨씬 쉬워질 거예요.

장벽 허물기

여러분을 가로막는 것이 무엇인지 알아냈다면,
이제 그 장벽을 허물기 위해 다음과 같은 방법을 시도해 보세요.
어떤 방법이 효과가 있는지는 사람과 장벽의 종류에 따라 달라요.

배우고 공부하기

어떻게 해야 하는지 방법을 모른다면,
그 일을 하는 방법을 배우고
자신감이 생길 때까지 연습해요.

단추를 달 때는 이렇게 해요!

자신에게 상 주기

어떤 일을 해냈을 때 스스로에게 상을 주면,
그 일을 계속하거나 새로운 일을 시작하는
동기가 생길 수 있어요. 일을 하는 게
의무보다는 게임처럼 느껴질 수도 있어요.

이 연구 보고서를 다 읽으면 맛있는 쿠키를 먹을 거야.

한계선 정하기

어떤 행동을 너무 많이 하지 않도록
한계선을 정하고 이를 지켜요.
처음에는 목표를 작게 해서 시작하는 게
실천하기 쉬워요.

나는 비행기를 일 년에 한 번만 탈 거야.
만약 그 한계를 넘기면 그다음 해에는
아예 한 번도 안 탈 거야.

닮고 싶은 본보기 찾기

자신이 닮고 싶고 본받고 싶은 사람이 있으면,
그 사람을 참고로 목표를 정할 수 있어요.

> 우아! 우리 집 정원도 이렇게 만들고 싶어.

가까운 곳에서 시작하기

자신의 집이나 가까운 주변을 둘러보세요.
변화를 만들어 내려는 여러분의 노력을 방해하는 게
있나요? 그 문제를 해결할 수 있을까요?

> 우리 집 새 퇴비통은 정말 좋아! 이제 음식을 버리는 일이 없어졌어.

도움이 되는 것 찾기

도움을 받는 것은 부끄러운 일이 아니에요.
도움은 *사람*이 줄 수도 있고…

*사물*이 도움이 될 때도 있어요.

> 잘할 수 있어, 벤! 우리 앞에서 연설 연습을 해 봐.

> 알레르기 약을 먹고 비염이 거의 다 나았어요!

이런 일들이 효과가 없다 해도 걱정하지 마세요. 때로는 뛰어넘기 힘들 만큼 높은 장벽도 있으니까요.
하지만 이와 같은 방법이 효과가 있는지 없는지 직접 확인해 보는 것은 언제나 매우 가치 있는 일이랍니다.

또 다른 위기가 가르쳐 주는 교훈

기후 위기가 이 세계에 닥친 유일한 문제는 아니에요.
전문가들은 2020년의 코로나 바이러스 대유행으로부터도 배울 점이 있다고 말해요.

교훈 1. 우리는 실제로 큰 변화를 만들 수 있어요

실제로 위험이 심각해 보이자, 사람들과 여러 나라 정부는 재빠르게 대응에 나섰고
생활 방식을 엄청나게 변화시켰어요. 어떤 면에서 이는 기후 위기 해결에도 힘을 주어요.
큰 변화가 가능하다는 것을 보여 주었으니까요.

…하지만 이걸로 충분할까요?

2020년의 봉쇄로 사람들이 집에 머무르자, 이동으로 인한 배출량은 크게 감소했어요.
이것은 좋은 일 같지만, 걱정스러운 부분도 있었어요. 전체 배출량은 그만큼 줄지 않았거든요.
또한 봉쇄가 풀리자 배출량은 다시 빠르게 늘어났어요.

교훈 2. 불확실한 상황에 잘 대비해야 해요

많은 전문가가 언젠가는 분명히 전염병의 세계적인 대유행이 일어날 거라고 예견했어요. 정확한 시기를 몰랐을 뿐이에요. 우리가 미리 준비했더라면 더 잘 대응할 수 있지 않았을까요? 왜 우리는 재난을 당하기 전에 미리 대비를 못 하는 걸까요?

미래에 대한 계획은, 예기치 못한 상황에 대처할 수 있도록 *유연하게* 설계해야 해요. 기후 위기에는 그런 뜻밖의 일들이 수없이 많을 거예요.

영구 동토층이 너무 많이 녹으면 어떻게 될지 아무도 생각하고 싶어 하지 않아요. 하지만 우리는 그때를 대비해서 계획을 세워야 해요.

교훈 3. 대안적인 미래를 엿볼 수 있어요

코로나 바이러스 대유행은 전 세계 수많은 사람들에게 끔찍한 충격을 안겨 주었어요. 하지만 코로나 바이러스 때문에 생겨난 우리 사회의 갑작스러운 변화를 보면서, 사람들은 만약 상황이 달랐다면 세상이 어떤 모습이었을지 생각해 보게 되었어요.

자동차 없는 도시가 더 깨끗하고 살기 좋아요.

사람들이 이렇게 서로 도우며 살 거라곤 생각하지 못했어요.

여러 변화 중 앞으로도 계속되었으면 하고 바라는 게 있나요?

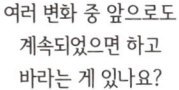

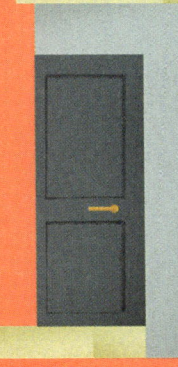

앞으로 어떻게 될까요?

이 책을 읽었으니, 여러분은 이제 미래를 상상해 볼 수 있는 수단을 갖게 된 거예요. 또한 미래를 향한 여정을 어떻게 시작하는 게 좋을지도 생각해 볼 수 있게 되었어요.

기후 위기는 현실이에요.
이미 우리 주변에서도
여러 변화가 일어나기 시작했어요.

기후 위기는 우리 미래의
일부가 될 거예요. 하지만
그 영향이 *얼마나 클지는*
아직도 우리 손에 달려 있어요.

쉽지는 않을 거예요.
기후 위기를 한 방에 물리칠
마법의 해결책은 없으니까요.
오히려 우리는 *아주 많은 것을*
바꾸어야 해요.

아빠가 행복해 보여.
함께 텃밭을 가꾸니까
나도 기뻐.

다행스러운 점은
우리가 무엇을 해야 하는지
알고 있다는 거예요.
또 그 일을 하는 데 필요한
수단과 전문 지식도 갖고 있죠.

마을 텃밭 개장 파티!

하지만 우리가 달라질까요?

미래는 어린이, 청소년들에게 달려 있어요.

지금 우리 모두에게는 선택권이 있어요.
문제는 우리가 어떤 미래를 원하는가 하는 거죠.

우리가 바라는 미래를 이루기 위해 어떻게 협력할 수 있을까요?
어떻게 하면 우리가 더 잘 듣고, 배우고, 실행할 수 있을까요?

그 일이 아무리 힘들어 보여도 낙심하지 마세요.
우리는 무능력하지도 않고, 서로 도움을 줄 수 있다는 걸 잊지 마세요.

우리는 지구를 지켜야 해요.

지구는 아름답고
특별해요.

지구는 하나밖에 없는 우리의 집이랍니다.

낱말 풀이

다음은 이 책에 나온 주요한 단어들의 뜻을 설명한 거예요. *이탤릭체*로 쓰인 단어는 이 낱말 풀이 안에 설명되어 있는 단어라는 것을 의미해요.

경제 하나의 공동체 안에서 또는 전 세계 사람들이 물건을 만들고, 사고, 서로에게 파는 체계.

경제 성장 한 나라의 국민이 점점 더 많은 물건을 만들고 사고파는 일.

기후 장기적인 시간에 걸친 날씨.

기후 정의 *기후 위기*를 해결하려고 노력할 때, 취약하고 빈곤한 사람들이 오히려 피해를 받지 않게 하는 일.

날씨 특정한 장소와 시간의 대기 상태(예: 기온, 바람, 비).

대기 지구를 둘러싼 기체들.

배출량 *화석 연료*를 태울 때 등 다양한 방식으로 나오는 *온실가스*의 양.

보상 사람들이 특정한 선택을 하도록 동기를 만들어 주는 것.

빙하 얼음 덩어리가 이동하는 것으로, 극 지방이나 일부 산에서 볼 수 있음.

알베도 지구의 반사도.

오염 인간의 활동으로 공기나 바다, 땅의 생명체에게 해로운 물질이 들어가게 되는 일.

온실가스 *대기*의 공기 중 지구를 덥게 만드는 기체. 온실 기체.

온실 효과 *대기*의 기체들이 열을 가두어서 온도가 높게 유지되는 일.

완화(저감) *기후 위기*의 효과를 줄이기 위한 활동으로, 주로 *온실가스* 배출을 줄이는 것을 말함.

위기 위험한 시기. 어렵거나 중요한 결정을 내려야 할 때를 가리키는 말.

이산화탄소(CO_2) *화석 연료*, 나무나 다른 식물을 태울 때 방출되는 *온실가스*.

자연재해 지진, 산불 등 인간이 다스리지 못하는 영역에서 일어나는 일.

적응 자신을 환경에 맞추는 변화를 가리키는 말.

지구 온난화 지구 전체의 평균 기온이 올라가는 현상.

탄소 모든 생물이 공통으로 가지고 있는 화학 원소.

탄소 중립 *이산화탄소*를 배출하는 만큼 흡수함으로써 실질 *배출량*을 0으로 만드는 일.

탄소 포집 *대기* 중의 *온실가스*를 없애거나 *온실가스*가 *대기*로 들어가지 못하게 막는 일.

탄수 흡수원 *탄소*를 흡수하고 저장하는 것.

파리 협정 2015년에 전 세계 거의 모든 나라가 지구 기온 상승을 2℃를 크게 밑도는 수준으로 유지하자고 약속한 협정.

화석 연료 먼 옛날에 죽은 동식물이 변해서 만들어진 석탄, 석유, 가스 등의 물질로, 사람들이 연료로 사용하는 것.

IPCC 기후 변화에 관한 정부 간 협의체. 기후 변화와 관련된 과학 연구들을 평가하고 해결 방법을 제안하는 역할을 함.

찾아보기

ㄱ

가뭄 18, 23, 24, 34, 41, 84
가치 49, 87, 96, 99~100, 119
경제 성장 86~87, 99
고기 17, 27, 62~63, 65, 93, 101, 106
고기후학 10
공장 39, 51, 58
구름 11, 20, 22~23, 34, 77
그레타 툰베리 108
급변점 21, 33
기차 68~69, 106
기후계 4, 22~23
기후 과학자 29, 31
기후 정의 85

ㄴ

나무 심기 운동 108
나무 연료 60
냉각제 74
냉방기 14, 27, 72, 74, 75
농업 38, 62, 65

ㄷ

대기 11, 12~13, 15, 17, 22, 26, 37, 51, 61, 74, 77
대유행 91, 120~121
대처 전략 115
도시 34, 44, 69, 72~73, 89, 100, 121
디젤유 15, 71

ㄹ

레세인 무툰케이 108

ㅁ

마이크 버너스-리 70
매립지 14, 67
매큐언 자매(엘라와 케이틀린) 109
메탄(CH_4) 14~15, 17, 55, 65, 67, 69

ㅂ

반동 효과 94~95
버스 68~69, 88, 91, 106
보상 27, 45, 50, 60, 63, 90, 99
보조금 50
복사 강제력 14~15
분리(성장과 탄소 배출의) 87
불소화된 기체 14~15
비행기 6, 15, 16, 17, 48~49, 66, 68~69, 70, 71, 77, 94, 106, 118, 120
빈곤 44, 84~85, 86
빙하 19, 20, 23, 77

ㅅ

사업 53, 61, 79, 98
산불 15, 18, 23
산소 10, 11
산업 혁명 16
산호초 40
서식지 18, 40
석유 57, 59, 69, 96, 98~99
석탄 13, 15, 38, 46, 57, 86
세금 50, 53, 96, 104~105
소 17, 27, 62, 63, 65
수소 55, 56
수소화불화탄소(HFC) 74~75
순환 고리 20, 21, 49
스트레스 25, 113, 117
시멘트 71
시민 의회 85
시장 48~49, 51, 53, 62
식량(식품) 낭비 66~67
식물 4, 10, 12~13, 21, 26, 40, 41, 45, 54, 59, 61, 67, 72, 76
심리학 90, 115, 116
쌀(벼) 14, 26, 38, 65, 71

ㅇ

아산화질소(N_2O) 14~15
알베도 20, 23, 72, 77
암석 분말 76
얼음 4, 10, 19, 20~21, 22~23, 26, 40, 41
에너지 11, 16, 17, 20, 44, 50, 54~57, 59, 60, 67, 72, 76, 83, 86, 87, 89, 94~95, 99, 107, 120
엘리너 오스트롬 89
여성(인권) 84~85
영구 동토층 21, 121
오염 14, 15, 44, 50, 51, 52, 54~55, 83, 85, 91, 109
오존 15
온실 효과 11, 12, 17
완화 46~47
운송 16, 38, 63, 66, 67, 68~69, 70
원자력 발전 54, 57
이주 25, 34
이탄지 61

ㅈ

자전거 50, 68~69, 92~93, 94, 95, 106, 114, 116
재식림 60~61
재활용 45, 93, 107, 117
적응 43, 44, 46~47, 73, 85
전구 95
전기 17, 38, 46, 54~55, 59, 69, 71, 72
전기 차량 69
정부 32, 35, 36, 46, 48, 50, 51, 53, 60, 69, 78, 79, 83, 85, 89, 96, 98, 99, 104, 120
정치 96~99
조력 발전 54
지구 온난화 5, 14, 15, 19, 20, 21, 23, 26, 31, 43, 74, 88

ㅊ

차량 15, 55, 69
천연가스 13, 57
청정에너지 7, 46, 50, 54~55, 69, 87, 99, 104, 105, 106

ㅋ

컴퓨터 17, 26, 30, 71, 73
키갈리 합의 75

ㅌ

탄소 가격 52
탄소 발자국 70~71, 94, 106~107
탄소 예산 39, 68
탄소 중립 58~59, 78
탄소 포집 54, 58~59
탄소 흡수원 12, 13, 17, 58, 60~61, 62, 64
태양광 발전 54, 56
토양 12, 13, 58, 61, 64, 84
퇴비 67, 107, 119
투자 7, 53, 69, 79, 101, 105

ㅍ

파리 협정 36~37, 88
폭염 19, 23, 34, 40, 41, 84
풍력 발전 46, 54, 72, 79

ㅎ

현실적인 방법 69, 106
호흡 12~13
홍수 19, 22, 23, 41, 73, 84
화산 77
화석 연료 13, 14~15, 16~17, 27, 30, 36, 37, 38, 39, 44, 45, 50, 52, 53, 54, 56~57, 58~59, 69, 83, 86, 87, 98~99, 104, 105
활동가 27, 30, 108-109

BECCS 59
DACCS 59
IPCC 31, 32~37, 38, 40, 52, 54, 60, 79, 112
$1.5^{\circ}C$ 30, 33, 36~37, 39~40, 43, 52, 54, 59, 68, 72, 78, 79

이 책을 만든 사람들

앤디 프렌티스, 에디 레이놀즈
글

보르자 라몬 로페스 코텔로
(일명 엘 프리모 라몬)
그림

알렉스 프리스
편집

제이미 볼, 프레야 해리슨
디자인

제인 치즘
시리즈 편집

스티븐 몬크리프
시리즈 디자인

스티브 스미스 박사(옥스퍼드 대학),
아제이 감비르 박사(런던 임페리얼 칼리지)
감수

스티븐 콜린스
추가 표지 디자인

도와주신 분들
제이크 레이놀즈, 에드 호킨스 교수(레딩 대학),
http://www.showyourstripes.info
리처드 베츠 교수(엑스터 대학), 라이언 리스-오언 박사,
샘 브래들리 박사

어스본 출판사는 어스본 바로가기에서 추천하는 웹 사이트들을 규칙적으로
확인하고 있습니다. 하지만 추천 웹 사이트 외에 다른 웹 사이트의 내용에
대해서 책임지지 않습니다. 다른 추천 사이트들을 살펴보다가
바이러스에 걸릴 경우, 어스본 출판사는 피해에 대해 책임지지 않습니다.

한국어판 1판 1쇄 펴냄 2021년 9월 1일 | 1판 2쇄 펴냄 2022년 4월 30일
옮김 고정아 편집 강소희 디자인 황혜런 펴낸곳 (주)비룡소인터내셔널 전화 02)6207-5007 팩스 02)515-2007
한국어판 저작권 © 2021 Usborne Publishing Limited
영문 원서 Climate Crisis for beginners 1판 1쇄 펴냄 2021년
글 앤디 프렌티스 외 그림 보르자 라몬 로페스 코텔로 디자인 제이미 볼 외 감수 스티브 스미스 박사 외
펴낸곳 Usborne Publishing Limited usborne.com
영문 원서 저작권 © 2021 Usborne Publishing Limited
이 책의 영문 원서 저작권과 한국어판 저작권은 Usborne Publishing Limited에 있습니다. 저작권법에 의하여 한국 내에서 보호를 받는 저작물이므로
무단전재와 복제를 금합니다. 어스본 이름과 풍선 로고는 Usborne Publishing Limited의 트레이드 마크입니다.

*이 책에는 네이버 나눔글꼴을 사용하였습니다.